JN014183

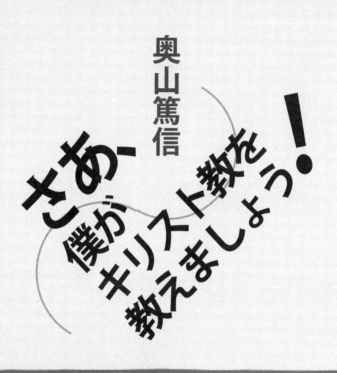

奥山篤信

さあ、僕が
キリスト教を
教えましょう！

まえがき

キリスト教徒ってオカルト集団？ 〈まず信じなさい。そうすれば真実が見える。crede ut intelligam〉

　僕が上智大学大学院の神学研究科に通っていた頃、ある大先生の発言に（神学者として尊敬する人物だが）、一つ引っかかるものがあった。それは広義のエキュメニズムに関する他宗教との〈共存〉についてのテーマの時だった。

「イエス・キリストはこの世界をお救いになった。だからイエスを中心とする宗教こそが正しい。つまりキリスト教を中心として神や宗教を考えるべきだ！」

　僕には全く理解不能であった。なぜかと言えば、イエスがこの世界をお救いになったなど何を根拠にそう言えるのかがさっぱり理解できなかったからである。イエスがこの世界を救ったなど、キリスト教の勝手な思い込みであり、何の実証的歴史事実もない。単にキリスト教の聖書とやらに記載されているにすぎない。

　僕が神学を学んで振り返る時、論理の飛躍が前提にあり、自分勝手な妄想の世界を、さも普遍的であるかのように発展させるのがキリスト教だということに驚いた。不思議な密室社会だと思った。

　そういう反論を防ぐためにキリスト教は終始一貫、〈まず信じなさい。そうすれば真実が見える〉というような、普通の知性を持った人間にはまず方法論として全く通用しない手口で予防線を張っていると疑わざるを得ない。あえて露骨な言葉で言うなら、〈オレオレ詐欺〉手法と変わらないと考える。つまりとやかく考えるな、理屈で考えるな、とにかくオレを信じなさいというのだからである。

　19世紀の哲学者ルードヴィッヒ・フォイエルバッハは、「ヘーゲル哲学は「神が自然を創造した」という神学を合理的な形で表現したものにすぎない」と述べ、人間の具体的現実を哲学的思索の中心に据えようとする。

　神が人間を創造したというのは誤りだ。実際には人間が神を作ったのだ。その場その場の状況次第でさまざまな考えを持ち、行動する人間は何が自分の本当の姿か分からなくなり、分裂してしまう。そのような人間が、自分の真の本質を投影してできあがるのが神なのである……。

　本来、自分の内部にあるものを、自分からは疎遠な外部（すなわち神）に投影し、それによってかえって支配されてしまう。

　カール・マルクスも〈神は人間を作ったのではない、人間が神を作ったのだ〉とフォイエルバッハの考え方を踏襲している。まさに神とは人間の作り出した偶像そのものであると言い切ってもよい。

　人間がまさに古代、原始的な状況にあって、自然災害（いや災害どころか自然現象）やそれによる食うものにも預かれない飢饉、そして食うか食われるかの人間同士の醜い争い、そこに人間は〈救い〉を求め、きっと神なる偶像が自分たちを救ってくれるといわば〈逃避〉したのである。

　その頃は科学なるもの、論理的発想など皆無だったから当然人間は超越的なものを作り上げ、それに全てを託したことは想像がつくし、当たり前のことだったのであろう。聖書の〈創世記〉なるものは、そんな人間の古代の環境における発想を元に造られたのだ。

　科学や論理学は人類の進化とともに発展して、それぞれ啓蒙主義やダーウインの進化論を生んだ。まさにダーウインの進化論によれば、人類の歴史はイエス以後の2000年足らずではない、何

十万年もの人類の誕生以来人類は進化しているのであって、そこには神もヘチマもないのである。そんな画期的な人間の発見を離れて、未だに2000年前の発想から何一つ進歩しない宗教など、まさに現代から見れば〈オカルト（occult）〉以外の何ものでもないのだ！

　先般マザー・テレサなる人物がカトリックの聖者として認定された。そのために二つの奇跡を立証したらしい。まず奇跡なるものがあると、未だに古代人の頭脳構造を持つ宗教なるものが存在することは、僕たち近代人にとって笑止千万だ。奇跡を証明するとは、そもそも奇跡なるものは人知で計り知れない、すなわちものごとの連続性を無視して非連続的に忽然とそれまでの合理的展開を飛躍したものであり、証明できないから奇跡と解する。

　言い換えれば、何ら知性も論理学もないものを、それは奇跡だとでっち上げてしまう、反知性の世界である。まさに自己矛盾とはこのことだ。キリスト教信者の条件としてコリントの信徒への手紙1にある下記のケリギュマを信じることである。

「5:03 最も大切なこととしてわたしがあなたがたに伝えたのは、わたしも受けたものです。すなわち、キリストが、聖書に書いてあるとおりわたしたちの罪のために死んだこと、15:04 葬られたこと、また、聖書に書いてあるとおり三日目に復活したこと、15:05 ケファに現れ、その後十二人に現れたことです。 15:06 次いで、五百人以上もの兄弟たちに同時に現れました。」

　まさに一方的に論証もなく信じなさいとアウグスティヌス以下は命令しているのである。一体近代思想や知性を持った人間がこんな奇跡なる復活を誰が信じられるのか。現代感覚ではオカルト以外の何ものでもない。意外にキリスト教信者とは何かという定義を知らない人が多いので付け加える。

　繰り返すが、キリスト教徒とは、十字架上で磔刑された人間が、

墓の中から復活したということを信じなさいと言っているのだ。そこで信者の反論として、神だから人間には到底理解できない超自然的現象があるのだと言うだろう。そこが宗教というものが使うトリックである。逃げるときには必ず超自然を神の超能力の賜物だというのだ。そんなバカなことを誰が信じられようか。またそこで信者はこう言うだろう。魂は不滅だと。人間

聖アウグスティヌス（Credo ut untelligam）

の心の問題であり、何も物理学的存在論を言っているのではないと。イエスは神だ。だから普通の人間にない業があるのだと。こんな馬鹿げたことを真顔で口にしているのが聖職者や教会の羊のような〈アーメン〉人間なのである。

　本書は、これからキリスト教を知ろうとする人や、洗礼を受けようと考えている人、すでに熱烈な信者になっている人などにも読んでほしい。誰も教えてくれないキリスト教の馬鹿馬鹿しさに気づいていただければ幸甚である。

目次

第1章　キリスト教の基本的教え

キリスト教徒とは何か？ケリュグマ（kerygma）とは？／13

ケノーシス（Kenosis）／14

復活と蘇生の違い／18

無原罪の御宿り（Immaculata Conceptio Beatae Virginis Mariae）
／23

処女懐胎（Immaculata Conceptio）／24

三位一体論（Trinitas）／26

天国と地獄（paradisum et infernum）／29

聖母マリアの被昇天（Assumptio）／36

第2章　新旧聖書のハイライト

カインとアベル（Cain et Abel）：神の贈り物による差別が兄
弟殺人（Fratercidum）を招いた／41

モーセの十戒（תורבידה תרשע、Ten Commandments）の欺瞞と
嘘と新しい十戒の勧め／45

イサクの燔祭（The Binding of Isaac (Hebrew: קְחָצִי תַדִיקֵע)
Aqedat Yitzhaq）／51

預言者というイカサマ・ペテン師が聖書学の中核？まさにオ
カルトでしかない／55

ヨブ記〜神がいるのに不幸があることの教会の便利な言い訳
／58

善きサマリ人のたとえ（Parable of the Good Samaritan）の〈政
治利用〉に反論する／60

「皇帝のものは皇帝に、神のものは神に返しなさい」これが〈政教分離〉のキリスト教思想かよ笑えるな／64

山上の垂訓（SERMON ON THE MOUNT）に見るお伽話の世界／67

田川建三のイエス説／72

「偽善と欺瞞」跋扈／73

「神がいなければすべては許される」／74

第3章　教会は伏魔殿（論理も科学も皆無）

これが倫理か？　その1「不正の管理人」の喩え／79

これが倫理か？　その2「葡萄園の労働者」の喩え／80

これが倫理か？　その3「放蕩息子」の喩え／83

これが倫理か？　その4「マルタとマリア」の喩え／85

これが倫理か？　その5「見失った羊」の喩え／88

「循環論法」が跳梁跋扈する世界〜なんの論証もない世界／89

聖書予型論的解釈（typologica）／91

〈神が存在しないことを証明せよ〉だと？　証明すべきは君達だろうが！／95

第4章　何のため、誰のための教会の集まり
　　　　〜聖職者のため？　信者の空虚な他力本願？〜

「教会外に救いなし」（Extra Ecclesiam nulla salus）／103

内村鑑三／104

第2バチカン公会議／106

祈りの効果〜いくらお祈りしても無駄／110

Ex Opere Operato／113

キリエ（Kyrie）〈憐れみの賛歌〉／114

「法王不可謬」（Papalem infallibilitas）／116

洗足式（Lava pedes genus）／120

幼児洗礼（Paedobaptismum）／124

第5章　パウロ神学がイエス思想を捻じ曲げた

パウロがキリスト教を捻じ曲げた／131

パウロに対するさまざまな批判／132

偽善を蛇蝎（だかつ）のように嫌ったイエスの筈なのに、現実のパラドックス／138

第6章　バチカンの堕落

奇蹟（miraculum）／149

Pāpa〈教皇とは俺のことかと法王言い〉ラテン語は一切変わっていないのに何故日本だけローマ法王をローマ教皇と呼び名を変えなければならないのだ！／150

尊者、福者、聖者って何者？／153

日本のキリスト教界の反日にはバチカン枢機卿入りした故白柳誠一のバチカンとの〈取引〉があるのだ。まさに白柳こそ、バチカン枢機卿になりたやにて日本の名誉を貶めた最悪の売国奴だ！／156

宗教が家族から信者を引き離す〜世のオカルト集団に共通〜／157

第7章　偽善教たるキリスト教

愛あいアイの虚しい合唱〜愛も知らずして愛を語る論語読みの論語知らずのキリスト教聖職者信者ども／163

現代キリスト教的〈生命の尊さ〉という欺瞞／164

一神教の宗教こそが平和の障害だ／167

浦上の聖人＝偽善者永井隆という男これがキリスト教のマゾヒズムまさに自虐の全てだ。よくまあこんな発言ができるか？　まさに被災者への冒涜だと言い返してやる／169

第8章　ルサンチマン宗教

〈ルサンチマン〉こそユダヤ教とキリスト教に顕著な奴隷宗教を生み出したのだ／177

第9章　キリスト教への違和感
　　　　～キリスト教芸術というプロパガンダ、
　　　　プライドなきケノーシス思想～

そもそもキリスト教芸術など存在しない。偉大な芸術家レオナルド・ダ・ヴィンチに見るキリスト教批判／183
生理的嫌悪感のケノーシス思想～〈自力と責任を尊ぶ日本人〉侍思想と100％異なるプライド無き人生／187

あとがき／193
無神論者のキリスト教論・文芸評論家・富岡幸一郎／223
付録1　神認識についてカール・バルトを中心に／229
付録2　Le Sermon surla montagne ／243
付録3　映画批評『グレース・オブ・ゴッド～告発の時』（原題 Grâce à Dieu 2018）／252
付録4　解釈論　口頭試問終了　緻密な戦略の勝利！で有終の美を飾る！／255

第1章

キリスト教の基本的教え

キリスト教徒とは何か?　ケリュグマ(kerygma)とは?

　普通の人はキリスト教徒とは何かと聞かれたら、「キリスト教の神を信仰できる人のことです」と、答えるだろう。それでも間違いとは言えないが、具体的に言えば信仰告白というものがあり、それを元に洗礼を受けた人々のことである。

　信仰告白（Confession of Faith）とは、信仰を神と人とに告白すること、また表現した文書を指す。信条とも呼ぶが、厳密には分けて用いられる語である。

　信条、信仰告白が作成されたのは、聖書に記された使徒の教えに基づき、使徒の教理で偽教理・異端・誤りを確認し、教会から追放するためである。

　「キリスト教は、神秘主義的宗教ではなく、最初から信仰告白的宗教である。自分が学び、受け、信じたところを神と人とに告白することは、神が啓示の神であることに対応して、当初からキリスト教の固有な要素であった」と言われている。「主観的真理に固執する者は、自己神化に終わる」とされ、教会は客観的な事柄「対象としての信仰」（fides quae creditur）を信仰の実存適応答「態度としての信仰」（fides qua creditur）より優先させてきたとされる。「信条」と言う表現を、4〜5世紀に生み出された信条に限定的に当てはめる、正統的といわれるキリスト教会では古代から使徒信条、ニケア・コンスタンチノポリス信条など信条を用いてきたが、現代でもカトリック教会やプロテスタントは、これらを用いている。

　パウロの『コリントの信徒への手紙1』には、次のように書かれている。

　　「15:03 最も大切なこととしてわたしがあなたがたに伝えた

のは、わたしも受けたものです。すなわち、キリストが、聖
書に書いてあるとおりわたしたちの罪のために死んだこと、
15:04 葬られたこと、また、聖書に書いてあるとおり三日目
に復活したこと、15:05 ケファに現れ、その後十二人に現れ
たことです。」

　これをキリスト教用語でケリュグマと呼ぶのだが、神が人間界
に遣わしたイエスが「死者からの復活」により、十分な意味で救
い主キリストとなったことを意味する。イエスをキリストとする
「復活」は、キリスト教信仰の原点である。イエスの死と復活を
信じる者がキリスト者である。キリスト教の教会で信者一堂が唱
えるニカイア・コンスタンチノープル信条がそれである。
　キリスト者となるためには洗礼という秘跡があるが、これをも
って一旦人間は新しい人間に生まれ変わることを意味する。罪に
まみれた古い自分の死と、イエスの命による再生という意味も持
っている（ローマ 06:1-14）。
　洗礼によって罪に死に、イエスの十字架上の死に与ることで、
キリスト者は復活の命にも与ることができる。新しい命を与えら
れたることにより、それまでよりも力強く神を信じ愛することが
できるのである。イエスの復活の命に生きるとは、聖霊の恵みに
満たされて、イエスとの一致のうちに生きるということを意味す
る。

ケノーシス（Kenosis）

　英語で簡単にケノーシスの意味をいうと〈In Christian theology,
kenosis (Greek:κένωσις, kénōsis, lit. [the act of emptying]) is the
'self-emptying' of Jesus' own will and becoming entirely receptive to

God's divine will.》つまりケノーシスとは自己の空洞化・虚無化、つまりイエス・キリストが神の身でありがなら、その父の神の意思に対して絶対服従する意思とでも訳す。

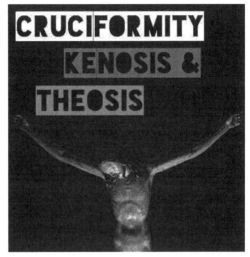

ケノーシス

　このケノーシス：聖書にある説明はこれだ。

「キリストは、神の身分でありながら、神と等しい者であることに固執しようとは思わず、かえって自分を無にして、僕の身分になり、人間と同じ者になられました。人間の姿で現れ、へりくだって、死に至るまで、それも十字架の死に至るまで従順でした」（フィリピの信徒への手紙　2章6-8節）。

　キリスト教の説明によると。

「「ケノーシス」という用語はキリストが受肉を通して自らを空にしたという教えを示したギリシャ語の用語です。ケノーシスはキリストが御自分の神性を捨てたという教えでも、人間性と神性を取り替えたという教えでもなく、キリストが御自分の特権を手放されたという事です。ピリピ2:7ではキリストが「ご自分を無にして、仕える者の姿をとり、人間と同じようになられました」と書いてあります。イエスは、人間として地上を歩まれた際、神

でなくなったわけではありませんが、天国での父なる神との親密と栄光を手放したのです。また、イエスは地上生涯の間イエスはその権威も手放し、人と同じになり、しもべとなられたのです。

　ケノーシスの結果、イエスは人間としての制限をもって生活されました（ヨハネ 4:6, 19:28）。神は疲れたり、お腹が減ったり、喉が渇いたりはしません。マタイ 24:36 では「ただし、その日、その時がいつであるかは、だれも知りません。天の御使いたちも子も知りません。ただ父だけが知っておられます。」と書いてあります。この箇所を読んで、私達はなぜ神であるイエスは父なる神のように全知ではないのだろうと思うかもしれません（詩篇 139:1-6 参照）。しかしイエスは地上にいた間、神として持っていた力を制限されていたようです。イエスは聖であり、正しく、哀れみに溢れていて、恵み深く、義であり、愛に溢れている方でしたが、神としての全知全能の力は制限されていたのです。

　しかしながら、ケノーシスの話題になると私達はイエスが手放された物に注目しがちです。ケノーシスはイエスが何を身に付けたのかをも教えています。イエスは人としての性質を身に付け、へりくだられたのです。天国で栄光の栄光であったイエスは、十字架につけられて殺された人間になったのです。ピリピ 2:7-8 には「ご自分を無にして、仕える者の姿をとり、人間と同じようになられました。人としての性質をもって現れ、自分を卑しくし、死にまで従い、実に十字架の死にまで従われました。」と書いてあります。全宇宙の神は、人間となり、十字架で人類のために死ぬ事で、そのへりくだりを示して下さったのです。ですから、ケノーシスはキリストが人となり、罪以外の人類の限界を受け入れられたという事を教えているのです。」

　・・・・・・・・・・・・・

　こんな訳のわからないことがまともな近代人の頭脳で教育を受

けてきた僕らに理解できる訳がないだろうと怒りに駆られる方が
まともな人間だと僕は理解できる。まず三位一体のお笑い論議が
まずありきで、勝手に神の中で優越をつけているのに、そうでは
ないと言い張る論理もヘチマもない議論で、キリストが神の子で
ありながら神だというのである。

　つまり神が人間界に送った神の分身で人間界では人間のように
行動し人間界の尊敬を集めるための使者のようなものといえば近
代人の頭には分かりやすいはずだが……。そこで人間界では神な
のにその神業は使わず、人間として泣き叫びながら苦痛を訴え、
十字架上では神様と泣きべそをかくイエスは「エリ、エリ、レマ、
サバクタニ」と叫ぶ。

　そして死んだはずのイエスが墓から消える、昇天する、せめて
神だからこの段階では人間界をケムで巻いてさようなら。まあこ
んな幼稚な物語で近代人を丸め込ませることは今や不可能である
ことは間違いない。

・・・・・・・・・・・・・・・・・・

　だいたい日本の文化にそぐわないのは、日本人たるや、どんな
困難にあっても苦しみにあっても、本来の日本人の理想像は、一
切へこたれない強い忍耐と恐怖や苦痛に耐える自己研磨の意思の
力であり、人前でイエスのようなみっともない姿を晒すなど最低
の姿である。最後まで踏ん張る根性こそが日本人魂であり、武士
道のはずである。

　それがこのイエスの恥ずべき姿、某大学の神学部では〈人間は
苦しかったなら苦しいと叫んでも良い。正直に叫びなさい〉イエ
ス様も〈サバクタニ＝なぜ私をお見捨てになったのですか？＝
助けってええ〉と言われたなどと、僕にいわすれば、恥知らずの
情けない〈奴隷根性〉がキリスト教にもユダヤの捕囚時代の非抑
圧民根性がそのまま残っている典型と見ている。〈服従とか従順

18

とか〉、神へのそれを意味するし、まさに支配階級の道具となったキリスト教ではまさに〈お上への隷従の勧め〉としか思えない。その一方で異教徒に対する残虐さ、この偽善と欺瞞も分からずにヨクマアと言いたくなるほどだ。

このケノーシスを真似て、自分を鞭打つ姿がある。これが〈鞭打ち苦行〉で〈ダビンチ・コード〉でもオプス・デイなるカトリックの一派の修道僧が自らの背中を釘のついた鞭打ちにより自らを自傷する、いわばマゾヒズム変態行為そのものを行っているのが異様である。まさにマルキ・ド・サド公爵のサディズム・マゾヒズムの系譜はキリスト教のこのケノーシスにあり、公爵が神学校にて徹底的にカトリック教育を受けた事実がこれを物語るのだ。さらに今や世界で暴かれている聖職者の性犯罪の数々は、まさにこの陰湿な神の名において青少年を蹂躙する聖職者の姿であり、この系譜にはこのサド・マゾ哲学があると断定して良いと考える。

復活と蘇生の違い

イエスの磔刑による死とその復活。肉体は死んでも魂は永遠にということでイエスは復活して天に昇り、人間界から神の国に戻ったのである。

一方で生の人間そのもののラザロの死から生への戻りというのは、復活でなく蘇生なのだ。つまり普通の人の〈あの愛する人をもう一度生き返らせてください〉という切なる願いを〈神であるイエス〉は復活（死んだはずが生き返った）のだが、一般人は永遠の〈肉〉としての命を得ることはできないから、もちろんその後しばらくして本当に死んだだけ。この話はイエスがキリストつまり神として肉の死はないから天に昇り復活した。一般人はまじないで蘇生することあっても死は必然と言っているのである。そ

の差を理解していない聖書読みの聖書知らずが多いのでこのことを述べた。お分かりかな？

　まず前哨として、キリスト教の正教会、非カルケドン派、カトリック教会、聖公会で聖人。記念日は6月21日。エルサレム郊外のベタニアに暮らし、マリアとマルタの弟で、共にイエス・キリストと親しかった。イエスは彼らの家を訪れている（『ルカによる福音書』10:38-42）。

「10:38 一行が歩いて行くうち、イエスはある村にお入りになった。すると、マルタという女が、イエスを家に迎え入れた。10:39 彼女にはマリアという姉妹がいた。マリアは主の足もとに座って、その話に聞き入っていた。 10:40 マルタは、いろいろのもてなしのためせわしく立ち働いていたが、そばに近寄って言った。「主よ、わたしの姉妹はわたしだけにもてなしをさせていますが、何ともお思いになりませんか。手伝ってくれるようにおっしゃってください。」10:41 主はお答えになった。「マルタ、マルタ、あなたは多くのことに思い悩み、心を乱している。 10:42 しかし、必要なことはただ一つだけである。マリアは良い方を選んだ。それを取り上げてはならない。」

　そしてラザロの蘇生の出来事：『ヨハネによる福音書』11章、「11:01 ある病人がいた。マリアとその姉妹マルタの村、ベタニアの出身で、ラザロといった。 11:02 このマリアは主に香油を塗り、髪の毛で主の足をぬぐった女である。その兄弟ラザロが病気であった。 11:03 姉妹たちはイエスのもとに人をやって、「主よ、あなたの愛しておられる者が病気なのです」と言わせた。 11:04 イエスは、それを聞いて言われた。「この病気は死で終わるものではない。神の栄光のためである。神の子がそれによって栄光を受けるのである。」11:05 イエスは、マルタとその姉妹とラザロを愛しておられた。・・・・11:13 イエスはラザロの死について話

されたのだが、弟子たちは、ただ眠りについて話されたものと思ったのである。 11:14 そこでイエスは、はっきりと言われた。「ラザロは死んだのだ。 11:15 わたしがその場に居合わせなかったのは、あなたがたにとってよかった。あなたがたが信じるようになるためである。さあ、彼のところへ行こう。」11:16 すると、ディディモと呼ばれるトマスが、仲間の弟子たちに、「わたしたちも行って、一緒に死のうではないか」と言った。 11:17 さて、イエスが行って御覧になると、ラザロは墓に葬られて既に四日もたっていた。 11:18 ベタニアはエルサレムに近く、十五スタディオンほどのところにあった。 11:19 マルタとマリアのところには、多くのユダヤ人が、兄弟ラザロのことで慰めに来ていた。 11:20 マルタは、イエスが来られたと聞いて、迎えに行ったが、マリアは家の中に座っていた。 11:21 マルタはイエスに言った。「主よ、もしここにいてくださいましたら、わたしの兄弟は死ななかったでしょうに。 11:22 しかし、あなたが神にお願いになることは何でも神はかなえてくださると、わたしは今でも承知しています。」11:23 イエスが、「あなたの兄弟は復活する」と言われると、11:24 マルタは、「終わりの日の復活の時に復活することは存じております」と言った。 11:25 イエスは言われた。「わたしは復活であり、命である。わたしを信じる者は、死んでも生きる。11:26 生きていてわたしを信じる者はだれも、決して死ぬことはない。このことを信じるか。」11:27 マルタは言った。「はい、主よ、あなたが世に来られるはずの神の子、メシアであるとわたしは信じております。」11:28 マルタは、こう言ってから、家に帰って姉妹のマリアを呼び、「先生がいらして、あなたをお呼びです」と耳打ちした。 11:29 マリアはこれを聞くと、すぐに立ち上がり、イエスのもとに行った。 11:30 イエスはまだ村には入らず、マルタが出迎えた場所におられた。 11:31 家の中でマリアと一緒

にいて、慰めていたユダヤ人たちは、彼女が急に立ち上がって出て行くのを見て、墓に泣きに行くのだろうと思い、後を追った。11:32 マリアはイエスのおられる所に来て、イエスを見るなり足もとにひれ伏し、「主よ、もしここにいてくださいましたら、わたしの兄弟は死ななかったでしょうに」と言った。11:33 イエスは、彼女が泣き、一緒に来たユダヤ人たちも泣いているのを見て、心に憤りを覚え、興奮して、11:34 言われた。「どこに葬ったのか。」彼らは、「主よ、来て、御覧ください」と言った。11:35 イエスは涙を流された。11:36 ユダヤ人たちは、「御覧なさい、どんなにラザロを愛しておられたことか」と言った。11:37 しかし、中には、「盲人の目を開けたこの人も、ラザロが死なないようにはできなかったのか」と言う者もいた。11:38 イエスは、再び心に憤りを覚えて、墓に来られた。墓は洞穴で、石でふさがれていた。11:39 イエスが、「その石を取りのけなさい」と言われると、死んだラザロの姉妹マルタが、「主よ、四日もたっていますから、もうにおいます」と言った。11:40 イエスは、「もし信じるなら、神の栄光が見られると、言っておいたではないか」と言われた。11:41 人々が石を取りのけると、イエスは天を仰いで言われた。「父よ、わたしの願いを聞き入れてくださって感謝します。11:42 わたしの願いをいつも聞いてくださることを、わたしは知っています。しかし、わたしがこう言うのは、周りにいる群衆のためです。あなたがわたしをお遣わしになったことを、彼らに信じさせるためです。」11:43 こう言ってから、「ラザロ、出て来なさい」と大声で叫ばれた。11:44 すると、死んでいた人が、手と足を布で巻かれたまま出て来た。顔は覆いで包まれていた。イエスは人々に、「ほどいてやって、行かせなさい」と言われた。11:45 マリアのところに来て、イエスのなさったことを目撃したユダヤ人の多くは、イエスを信じた。11:46 しかし、中には、フ

ァリサイ派の人々のもとへ行き、イエスのなさったことを告げる者もいた。 11:47 そこで、祭司長たちとファリサイ派の人々は最高法院を召集して言った。「この男は多くのしるしを行っているが、どうすればよいか。 11:48 このままにしておけば、皆が彼を信じるようになる。そして、ローマ人が来て、我々の神殿も国民も滅ぼしてしまうだろう。」11:49 彼らの中の一人で、その年の大祭司であったカイアファが言った。「あなたがたは何も分かっていない。 11:50 一人の人間が民の代わりに死に、国民全体が滅びないで済む方が、あなたがたに好都合だとは考えないのか。」11:51 これは、カイアファが自分の考えから話したのではない。その年の大祭司であったので預言して、イエスが国民のために死ぬ、と言ったのである。 11:52 国民のためばかりでなく、散らされている神の子たちを一つに集めるためにも死ぬ、と言ったのである。 11:53 この日から、彼らはイエスを殺そうとたくらんだ。11:54 それで、イエスはもはや公然とユダヤ人たちの間を歩くことはなく、そこを去り、荒れ野に近い地方のエフライムという町に行き、弟子たちとそこに滞在された。 11:55 さて、ユダヤ人の過越祭が近づいた。多くの人が身を清めるために、過越祭の前に地方からエルサレムへ上った。 11:56 彼らはイエスを捜し、神殿の境内で互いに言った。「どう思うか。あの人はこの祭りには来ないのだろうか。」11:57 祭司長たちとファリサイ派の人々は、イエスの居どころが分かれば届け出よと、命令を出していた。イエスを逮捕するためである。」

　イエスによっていったん死より甦らされた。ラザロが病気と聞いてベタニアにやってきたイエスと一行は、ラザロが葬られて既に4日経っていることを知る。イエスは、ラザロの死を悲しんで涙を流す。イエスが墓の前に立ち、「ラザロ、出てきなさい」というと、死んだはずのラザロが布にまかれて出てきた。このラ

ザロの蘇生を見た人々はイエスを信じ、ユダヤ人の指導者たちはいかにしてイエスを殺すか計画し始めた。カイアファと他の大祭司はラザロをも殺そうと相談した。（ヨハネ12:10）

ジオット作「ラザロの蘇生」

12:10 祭司長たちはラザロをも殺そうと謀った。 12:11 多くのユダヤ人がラザロのことで離れて行って、イエスを信じるようになったからである。

無原罪の御宿り（Immaculata Conceptio Beatae Virginis Mariae）

　聖母マリアが、神の恵みの特別なはからいによって、原罪の汚れを存在のはじめから一切受けていなかったとする、カトリック教会における教義である。無原罪懐胎とも言う。

　まさに人間が人間らしく男女の愛を遂行するのを罪と決めつける、偽善と欺瞞の狂気の沙汰だ。こんなものを罪とするなら、そもそも人類は皆無なのだからまさに破壊主義・ニヒリズムに他ならないこのキリスト教の馬鹿げた思想は、これだけで人間界で宗教というものが許されるとしても反社会的反人間的であり言葉の

ゴヤ作「無原罪の御宿り」

テロリズムに過ぎない。

以下は教会筋の説明：ネットより

「聖母マリアは原罪なしに生まれてきたとする教義。キリストの母マリアは汚れなき存在であり、「情欲の交わりなしに」、母アンナの体に宿ったと説く。これはキリストが、人間から生まれてきた聖なる人物だとするのに重要な考え方。美術作品では、合掌した（もしくは胸に手を当てた）少女が足を三日月に載せ天空を降りてくる姿をして、17世紀に多く表された。蛇を踏みつけているのは、「エヴァの罪」を人間から解き放つためである。ヨハネ黙示録 12:1 から、子を宿した黙示録の女を聖母として、これに基づいて描かれる。

「太陽を着て、足の下に月を踏み、その頭には 12 の星の冠を被っていた」

スペインの画家フランシスコ・パチェコが書いた「絵画術」（1649）で、新しい図像表現について言及している。パチェコは、異端審問所付美術監督官であった。「聖母は 12,3 歳の少女で、白い着物の上に青いマントを着け、手を胸に当てて祈っている。月は下向きの三日月とする（純潔を表す古くからの象徴）」」

処女懐胎（Immaculata Conceptio）
（しょじょかいたい）

処女懐胎あるいは処女受胎とは、文字通りには処女のまま（つまり男女の交わり無しに）子を宿すことであるが、普通は、特に

聖母マリアによるイエス・キリストの受胎というキリスト教における概念を指す。カトリックなどマリア崇敬をする教会において、処女懐胎の意義は、マリアがヨゼフとの交わりのないままイエスを身篭ったことにある。無原罪の御宿りとともに、マリアの無謬性（誤りのないこと）を強調する。

　まさにこんなふざけた偽善ほどバカらしいものはないだろう。最低最悪のキリスト教を軽蔑するほどまででバカにしてお笑い漫才にするドグマはないだろう。これほどまでに人間の当たり前のセックスを否定して、セックスを罪悪としてキリスト教に平伏させるトリックをよくまあおバカな信者がセックスを罪悪と思い2000年騙し続けられたなと思うほど許し難いキリスト教のインチキ性だ。

　それも偽善でありキリスト教信者に限って少年への性的虐待など変態性欲に走る、同性だったら罪はないのかというほどに、こんな最低なドグマ直ちに中止すべきだ。さらにおバカな聖職者でイエスがマリアの膣トンネルを経て生まれたらけしからんので、そこで超越を捏造するのだ。この態度を見ても万事がこれ。偽善の塊のオカルト集団。まさに吐き気と気持ち悪さを与える異常変態集団がキリスト教なのだ。

　小学生でもわかるこの欺瞞と偽善の見苦しさ。それでいて聖職者が酒池肉林だからどうしようもないのだ。僕の持論だが〈偽善〉こそ最悪の悪だと考えている。

　レオナルドの受胎告知を思い出す。カトリックをせせら笑ったあの名画のバカに仕切ったレオナルドのカトリックの本質を描いた絵画を見て、僕は世界歴史においてレオナルドが人類史の中で最高の人物と考えるが、まあ膣トンネルをイエスは通っていないとあの神学部時代に僕にいう、狂気とも言える信仰を百回でも1万回でも嘲笑ってやりたいほど、カトリックの聖職者は僕にとっ

て侮蔑の対象だ。

　これも後述するが、あの変態・狂気の人パウロが捏造したものかもしれない。パウロほどキリスト教に毒を加え改竄し偽善と欺瞞を植え付けた人間のクズはキリスト史上いないだろう。最低だ、イエスの崇高さを捻じ曲げたパウロよ！　クズだ、うせろパウロのおバカと罵ってやりたい。

三位一体論（Trinitas）

　父（＝父なる神・主権）、子（＝神の子・子なるキリスト）、霊（＝聖霊・聖神）の三つが「一体（＝唯一神・唯一の神）」であるとする教え。カトリック教会・聖公会・プロテスタント・正教会・東方諸教会といった教派が、この教えを共有している。

　そもそも三つの神がいるとも見えるし、一つの神が三部分に分かれているとも見える。それを屁理屈を並べてどうのこうのと述べてきたのがこの神学論争だ。

　ニカイア信条は 325 年に作られたキリスト教の基本信条である。後にニカイア・コンスタンティノポリス信条に改定され、これが東方教会・西方教会問わず広範に用いられたことから、原ニカイア信条とも呼ばれる。なおその他、使徒信条もキリスト教の基本信条として広く使われる。

・・・・・・・・・・・・

我らは、見えるものと見えざるものすべての創造者にして、
すべての主権を持ち給う御父なる、唯一の神を信ず。

我らは、唯一の主イエス・キリストを信ず。
主は、御父より生れたまいし神の独り子にして、御父の本質より生れ、（神からの神）、光からの光、

まことの神からのまことの神、造られずして生れ、御父と本質を同一にして、

天地万物は総べて彼によりて創造されたり。

主は、我ら人類の為、また我らの救いの為に下り、しかして肉体を受け人となり、

苦しみを受け、三日目

三位一体

に甦り、天に昇り、生ける者と死ぬる者とを審く為に来り給う。

また我らは聖霊を信ず。

主の存在したまわざりし時あり、生れざりし前には存在したまわず、

また存在し得ぬものより生れ、

神の子は、異なる本質或は異なる実体より成るもの、造られしもの、

変わり得るもの、変え得るもの、と宣べる者らを、

公同なる使徒的教会は、呪うべし

・・・・・・・・・・・・

かかる難しい教義について、僕も60半ばで直接、指南を受けた、日本の代表的カトリック神学者である岩島忠彦神父は、次のように噛み砕いて説明するのだが……皆様ご理解できたであろうか？

　ユダヤ教の一神教の神と、キリスト教の神とはどう違うのか。キリスト教の三位一体の神の説明がある。

　父なる神は、天地創造をされたユダヤ教と同じ神。ただ、その姿を直接見たら死んでしまうと怖れられて、人間から遠いところにいた。人間を慈しみをもって創られたが、人間は父なる神様の思いを踏みにじるばかり。人間を作ったことを後悔し、いっそ滅ぼしてしまおうか悩まれる。でも、父なる神様は、恩知らずな人間のために、ご自分の独り子を世に与えてくれた。子なる神、イエスの誕生だ。子なるイエスを通して、父なる神は憐れみ深さを目に見える形で表した。イエスが人を癒したり、貧しい人と共にいる姿を示したので、神の愛が見えるようになったわけだ。

　イエスには、父から送られた聖霊が働いていた。聖霊を通して父と子は一致していた。イエスは、十字架の苦しみを受け復活した後、40日間地上で弟子たちのもとに現われた。逃げ去ってしまった弟子たちを許し、平安を与えて昇天して父のもとに帰った。そして、ご自分と同じ使命を果たせるように "聖霊" を私たちに送るのだ。

　このように、キリスト教の神は、父なる神、子なる神、父から送られる聖霊、という3つの現れ方をするが、同じ1つの神である。父と子と聖霊と、かたちを変えて現われるのがキリスト教の三位一体の神だ。

　では、信者で日頃どれだけ「聖霊」を意識しているのか。御父にだけ、子なるイエス様にだけ注目している、祈っている、ということがないだろうか。中には「聖霊には全く祈っていない」という人もいるだろう。それでは聖霊は働けない。キリスト教の神は、「父と子の神」でなく、「父と子と聖霊」の神だからである。聖霊が働いて、神様の救いが実現するのだから、聖霊の働きのために祈ることが大切ということになる。

天国と地獄（paradisum et infernum）

　ある葬儀会社が自社の宣伝のために作ったサイトがあり、これがキリスト教の天国と地獄というテーマであり、内容が的を射ており気が利いているので、そのまま掲載する。葬儀屋も宣伝のために、誰かに論文を頼んだのかどうか知らないが、見たところ妥当なキリスト教の理解だと思うので、議論の叩き台として以下に引用する。

　「1．カトリック
　　罪の結果としての「死」
　キリスト教では「死」を人間の原罪がもたらした刑罰と見なしている。
　新約聖書には来世に関する具体的な表現はないが、教会での教説が精密化するにつれて、天国、地獄・煉獄の区別がつくられてきた。天国では祝福された魂が無上の喜びを永遠に享受するが、地獄に堕ちた魂は神の領域から閉め出され苦しみを味わうとされる。
　イエスは十字架を背負うことで人類の罪をあがない、復活したことを信じる者は、すべての死者が復活する最後の審判の場面において、永遠の生命を与えられる。
「私の父の御心は、子（キリスト）を見て信じる者は皆、永遠の命を受け、終の日にはその者を復活させる」（ヨハネ福音書）

　　死後の5つの世界
　死者は死後、次の5つの場所に行く。（1）地獄：邪悪の人間が行く。（2）天国：キリストを信じ、徳に生きた人が行く。ここには肉の復活の希望がある。（3）辺獄：キリスト以前に生れた義人、

徳高い異邦人たちは父祖の辺獄に行く。（4）幼児の辺獄：洗礼を受けないで死んだ幼児は、幼児の辺獄に行く。辺獄は天国と地獄の中間にある。ここでは地獄の苦しみはないが、神を見ることはできない。（5）煉獄：キリストを信じたが、罪を犯しその償いが果たされていない人間が、浄化のために行く。

　ここは辺獄と地獄の中間にある。ここにいる人間は、罪悪感の為、火に焼かれるような苦しみを味わう。もはや行為によって償いをすることができないので、苦悩によって償うのである。生者が死者に代わって功徳を積む場合、そのとりなしによって罰や苦痛が軽減されるという。祈り、喜捨、ミサはそうした役割をもつ。

　　肉の復活のための埋葬

　カトリックでは、臨終の時を大切にする。この時に罪を告白し、懺悔することによって罪を拭い取り、聖別された油を塗ることで、霊的な健全さを回復する。これは7つの秘跡のうちの「終油の秘跡」という。

　亡くなるとまずその故人を偲び、故人のために祈り、遺族を慰めるために通夜を行なう。次に葬儀はミサ（聖餐式）で行なう。このミサがレクイエムで始る。レクイエムとは安息を意味するラテン語である。ミサが終ると告別式を行なう。葬列では、イン・パラディスム（天国へ）が歌われる。この葬列は普通日本では行なわれない。キリスト教では、遺体処理は、肉の復活との関わりから土葬が普通である。墓地では、信仰的にさらに希望に満ちた歌が用いられる。こうして徐々に生者も死者も、悲嘆の状況から未来の救い、再会への希望へと導いていかれる。追悼は死後3、7、30日。そして年ごとの命日に行なう。この時に追悼のミサを行なう。

2. プロテスタント

生前の信仰によって決定する

　あらゆる人間は生れながらにして罪人であり、死後永遠の地獄行きが定められている。ただキリストを信じ、「義」とされた人々だけが永遠に天国に入ることができる。死後の状態は自分の力によらず、キリストの死と復活のゆえに、この恵みに対する信仰によって決定され、死後は神の御手に委ねられている。カトリックとは異なって浄罪界、煉獄もなく、引導や追善供養も無駄であるとプロテスタントでは説明している。これは無慈悲な世界観だという感じがするが、それにたいして、死後に救いの手を差し伸べたいという気持があるのなら、なぜその人が生きている間に、その人を愛し、救いの手を差しのべなかったのか。それをしなかった埋め合わせとして、死んでから祈っても無駄であると考えている。信仰をもつ者にとっては、死は神の祝福であり、プロテスタントの葬儀は生者のためのものであり、そこに集う者が信仰を深めるためのものである。

最後の審判を持つ死後の魂

　人間の生涯は3段階に別れる。第1はこの世の生れてから死ぬまでの肉体をもった存在である。第2は死んでから復活するまでの中間状態で、肉体のない不完全な段階である。第3はキリストの再臨後の復活した体における生活で、永遠に続く段階である。この間、ずっと意識は持ち続ける。誰も決して死後永眠することはないのである。不信心者は死後黄泉（ハデス）に入り、苦しみながら最後の審判を持っている。キリストの再臨のとき、体の復活とともに永遠の苦しみである地獄に入る。信者は死後パラダイスに入り「神の御座にいて、聖所で夜も昼も神に仕え」（黙示715）て喜びと安らぎのなかで、復活を待ち望んでいる。

キリストの再臨とともに、故人の体が復活し、永遠の喜びである天国に入る。黄泉とパラダイスの間には大きな深淵があって、行き来することはできない。

　呪術的要素のない葬儀
　死者の魂は、死の瞬間にはこの世を去って、神の御手のなかにある。従って死者の霊はこの地上に留まってさ迷ったり、生者の世界に干渉することはない。それゆえ葬儀には呪術的なものは一切不要であり、ただ遺族の慰めと死者の記念のために行なわれる。通夜も不要で、ただ死者の遺徳を偲ぶために前夜式を簡潔に行ない、遺族には静かな一夜を過ごしてもらう。葬式では讃美歌、聖書朗読、祈祷、故人略歴、弔辞、説教が行なわれる。納骨式も簡素に行なう。葬儀以後も、死者を偲ぶ「記念会」を1か月とか1年後におこなったりする。」（http://web.sanin.jp/p/sousen/1/3/2/ 8/ https://www.sousen.co.jp）

　一番怒りを禁じ得ないのが、これも後述するパウロの勝手なキリスト教（イエスの本意）の改竄かもしれないが、赤子まで原罪を持っているとの決めつけから、人間は〈罪〉を持って生きており、それを全ての人間に当てはめる、というようにまず先制攻撃して、一方で神なるものを自作自演して、その罪をイエス様が十字架上で皆様の替わりに贖ったので、今や皆様には罪から救うことができるのだと、罪でもない人間の行為を罪として、罪意識の頚城の中でキリスト教に従って信仰心を持ってキリスト教に殉じれば、罪から解放され、天国に行くことができるという作り話である。

　勝手な罪を組織が捏造して、無辜な普通の人間も〈罪深い〉と決めつけ脅す、そして気に入らない人間は地獄へ行くぞと脅し続

キリスト教の天国と地獄のイメージ

け、それも免罪符などで金を出せば罪も消すなどと、まるで商業主義で一般人を支配してきたのが、この教会の常套手段であり、まさに〈脅しのテクニック〉と言える。こんな馬鹿げた話に騙されるのは古代、世の現象や自然の現象が人間の理解を超えた摩訶不思議があり、そんなものは論理学や科学の力で解明できる近代とは異なる原始人社会であり、信仰などはその野蛮性と正比例するのである。

　祈りの効果などあるわけもない。ましてや他人のために祈るなどと法王がことあるごとに口にするが、そんな馬鹿なことができるわけもなく、却下するのが近代人の当たり前の行為なのに、その近代も逆に劣化が始まり、超越的なものに憧れる非近代性・非科学性そのものが、この世の中に、蛆虫のように新興オカルト集団が湧いてくる現象はまさに人類の IQ はすでにピークアウトして劣化へと進んでいるのが事実なのだろう。

　この論文では〈神の死〉を叫んだフリードリッヒ・ニーチェの

無神論はありふれているから踏み込まない。むしろフランスの天才ジョルジュ・バタイユのこの言葉こそが、一目瞭然で僕の座右の言葉になっている。

"L'athée ne se soucie pas de Dieu, parce qu'il a décidé une fois pour toutes qu'il n'existait pas."

Georges Bataille

　日本語訳としては、僕なら〈無神論者は神を畏れることはないのだ。なぜなら自ら神など存在しないと決めたのだから〉が最も論理的である。元々神など人間の創造物なのだから、その捏造の事実を理解していれば、それぞれの個人が〈神は存在しない〉と頭を整理したならば、一切地獄や天国など畏れる必要もないわけである。

　人間が自分の望みを投影した神は、古代の産物であり、このようなものは現代に不要だ。神の存在証明で、アンセルムスやトマス・アクィナスなどが詭弁を弄したが、このようなカトリック神学者の証明は全く、循環論法であり、馬鹿馬鹿しくて議論にもならないレベルの噴飯ものである。

　一方、科学の力は素晴らしい。偉大なダーウインならびにその後の進化論その後の生化学はこの世の生きとし生けるものの適者生存を証明している。

　世の中で不思議なことや不可解なことを全て神の業となした、古代人の妄想など科学の進歩で解明されているし、これからも解明され続けるであろう。有りもしない霊の世界などまさに、幻想であるか麻薬中毒現象と同じ類いのものである。そういった知的ギャップに敢えてチャレンジして解明しようとする科学者たちの偉大な力こそが、僕が〈信じることができる〉全てだ。

　法王の手前勝手な説教、司祭のくだらない教会での説教、一つとして我らの心に刺さるものはない。単なる綺麗事を望む循環論

法の繰り返し、そしてこれに呼応する信者の〈アーメン〉そして
それを聞いて、何の力もない神父が自分への信者の信頼だと思い
違いして、反省もなくますます自信を持って、威張りたい放題、
そしてあるものは密室に罪なき男女を神の名を語り、陵辱する、
そして仲間意識で口裏を合わせる悪逆非道の限りを行なっている
のだ。

〈多神教〉の偶像を親の仇のように憎悪するこの連中、彼らの捏
造した、人間界に現れた神たるイエス、処女懐胎なる魔術を無理
やり信じさせ挙げ句の果ては天国に引き上げられるマリア様、
まさに偶像崇拝というのはこのイエスやマリアへの信仰ではない
か。彼らの排他的非寛容に立つ傲慢な自らの〈偶像〉こそが神だ
という発想こそが古代より現代に至るまで人間間の憎悪と殺戮の
原因である。

　僕はフランスのジョルジュ・バタイユのこの言葉は胸に刺さる。
2000 年のキリスト今日の歴史は欧米人に心理的精神的束縛を加
えて来た。考えてみればそれぞれの人間が〈神は存在しない〉と
決断すれば、その呪縛から即座に解放されるということであり、
バタイユの言葉は素晴らしい言葉だ。キリスト教の聖書、ユダヤ
教の旧約を含む掟、イスラム教のコーラン、これらに書かれてい
る神の教えはまず通常の神経・頭脳を持った人間が実践すること
は不可能だ。その遵守不可能性を押し付けるこれらの教えの背景
をまず疑わなければならない。

　それは古代史から現代に至るまで権力と宗教組織が自らの権力
を温存・保持する為の民衆支配のメカニズムに過ぎないのだ。今
のアメリカ合衆国の政治を見ても、アメリカ内の異常なキリスト
教カルト勢力の恐ろしさは政治まで蝕んでいる。かつて平和なア
フリカ・アメリカ・アジア大陸に略奪の為に押し寄せた宣教師達、
まさに植民地化するための〈欺瞞と偽善の御旗〉を掲げる先兵で

あった。

　我々各民族の人間には文化的伝統的なモラルが存在する。宗教なしでもそのモラルが人間社会をコントロールできるのだ。

　人間はそのような自己目的なモラル（公的制約）を基礎として、思う存分一回限りの人生を満喫すべきなのだ。ここにあるべきは、徹底的自己責任と自由主義である。とにかく自分に与えられた貴重な生命を無駄無く存分に自分が納得するように生きることこそもっとも人間的な生き方であり、それには自らを磨き上げあらゆる競争に対して打ち勝つ能力を鍛え上げる、実力を鍛える。それこそが人間社会に貢献する道であることを、自力本願こそが自己責任であり、神や他人に委ねる行為こそもっとも危険かつ非生産的な人間を製造していくことを忘れてはならない。

　人間は〈それをしてはならない〉というネガティブあるいはルサンチマンが本質の奴隷宗教とは決別し、〈自分が世界に何ができるのか〉というは高邁すぎるにしても〈自分が精一杯この世でやりたいことをやりつくすにはどうしたらよいか〉とポジティブに生きることこそが世界の平和に役立つのだ。宗教にはあまねく何の役割も期待できないのである。

　神は存在しないし、地獄も天国も存在しない。呼吸をして生きている間だけが自分の人生なのである。

聖母マリアの被昇天（Assumptio）

　8月15日は、日本の終戦記念日であるが、同時にマリア被昇天の日でもある。カトリック信者と話していると、彼らは偶像崇拝を否定するにもかかわらず、マリアの肖像あるいは肖像画を後生大事に持ち運び〈マリア様〉と偶像崇拝しているに過ぎない。プロテスタントはこのカトリックと一線を画している。

　下記が日本のあるカトリック聖母教会に行くと、威張った顔をしたやり手ババアのような女性が、前奏として下記台詞を囁いている。

アヴェ・マリアの祈り
アヴェ、マリア、恵みに満ちた方、
主はあなたとともにおられます。
あなたは女のうちで祝福され、
ご胎内の御子イエスも祝福されています。
神の母聖マリア、
わたしたち罪びとのために、
今も、死を迎える時も、お祈りください。
アーメン。

　これを 10 回ほど唱えるのを聞いて率直に言ってうんざりする。人間の俗世の、あらまほしけれ（wishful thinking）の期待をマリア像に問いかけ、慈愛に溢れるマリア様の恵みや仲介を自己満足としての救いとしているむきはないだろうか。

　僕の尊敬する 20 世紀最高の神学者カール・バルト（プロテスタント）は、マリアについて極めて真っ当な議論をしている。

　教会の伝統に基づき、マリアを神の母と認める。また処女降誕も受け入れる。マリアを通してイエスは人性に属する。イエスを通してマリアは神の母である。またバルトは処女降誕について人性としてのイエスは父を持たない。そして神の子としてイエスは母を持たないとする。マリアを懐胎させた聖霊は単なる霊ではなく神そのものであり、その事実は霊的に解釈されるべきであって肉として解釈すべきでないとする。マリアが恵みに満ちていることは、恵みがマリアによって獲得されたものではなくマリアに与

38

マリアの被昇天（Assumptio）

えられたものである。さらにバルト
は教会がこの考えを取るのはマリア
であるからではなくキリスト護教論
としてである。バルトはカトリック
のマリア崇敬は恐るべき誤りであり
偶像崇拝的異端だと断じる。

　さてカトリックにはマリア崇拝の
ドグマとして以下のような前提があ
る。
　「聖母の被昇天とは、聖母マリアが
その人生の終わりに、肉体と霊魂を
伴って天国にあげられたという信仰、
あるいはその出来事を記念する祝日
（8月15日）のこと。1950年、当
時のローマ教皇ピオ12世のエクス・カテドラ宣言によって正式
に教義とされた。」

　まさにピオ12世（1939～58年在位）とは、ナチスドイツと
の結託した悪名高い法王であり、ナチスによるホロコースト（ユ
ダヤ人虐殺）を黙認していた。長年そうした批判にさらされ、
「ヒトラーの法王」とまで呼ばれたほどだ。あのヒトラー好きだ
ったら、ヒトラーまで被昇天とされたかもしれないほどだカトリ
ックの歴史上の拭い去ることのできない最悪の汚点の一つである。

第2章

新旧聖書のハイライト

カインとアベル（Cain et Abel）：神の贈り物による差別が兄弟殺人（Fratercidum）を招いた

　聖書の新旧を読んで常識的な考えからこのヤーヴェとやら三大宗教が崇めるこの神の品性下劣や残酷さや依怙贔屓、さらに嫉妬心など感じるところが多く、神だったらギリシャやローマが崇めた偉大さがあるだろうと思ったら大間違い、この辺の感覚がまさに偉大な道徳観の歴史を持つ我が日本人との意識の乖離である。

　カインとアベルは、旧約聖書『創世記』第4章に登場する兄弟のこと。アダムとイヴの息子たちで兄がカイン（קַיִן）、弟がアベル（הֶבֶל）である。ユダヤ教、キリスト教、イスラム教などの神話において人類最初の殺人の加害者・被害者とされている。

　カインとは本来ヘブライ語で「鍛冶屋、鋳造者」を意味し、追放され耕作を行えなくなったカインを金属加工技術者の祖とする解釈も行われている。アベルとは「息」（＝「霊、命」）を意味する。

　このカインとアベルの主題は〈人類初の殺人〉しかも兄弟同士の〈殺人〉という意味合いがあるが、僕はそれよりこの殺人に至った二人の神への貢物合戦の結末と神の下賤さで、神がこんなに卑しいものなら、人間が崇めるに値しない存在であり、むしろ軽蔑の対象でしかない。だからそんな神をありがたがって、キリスト教信者が崇めるのは笑止千万としか言いようがない。お笑い漫才だ。

　まずこの部分をそのまま聖書から引用しよう：

04:01 さて、アダムは妻エバを知った。彼女は身ごもってカインを産み、「わたしは主によって男子を得た」と言った。 04:02 彼女はまたその弟アベルを産んだ。アベルは羊を飼う者となり、カ

インは土を耕す者となった。 04:03時を経て、カインは土の実り
を主のもとに献げ物として持って来た。 04:04アベルは羊の群れ
の中から肥えた初子を持って来た。主はアベルとその献げ物に目
を留められたが、04:05カインとその献げ物には目を留められな
かった。カインは激しく怒って顔を伏せた。 04:06主はカインに
言われた。「どうして怒るのか。どうして顔を伏せるのか。
04:07もしお前が正しいのなら、顔を上げられるはずではないか。
正しくないなら、罪は戸口で待ち伏せており、お前を求める。お
前はそれを支配せねばならない。」04:08カインが弟アベルに言葉
をかけ、二人が野原に着いたとき、カインは弟アベルを襲って殺
した。 04:09主はカインに言われた。「お前の弟アベルは、どこ
にいるのか。」カインは答えた。「知りません。わたしは弟の番人
でしょうか。」04:10主は言われた。「何ということをしたのか。
お前の弟の血が土の中からわたしに向かって叫んでいる。 04:11
今、お前は呪われる者となった。お前が流した弟の血を、口を開
けて飲み込んだ土よりもなお、呪われる。 04:12土を耕しても、
土はもはやお前のために作物を産み出すことはない。お前は地上
をさまよい、さすらう者となる。」

　　・・・・・・・・・・・・・

　なぜ神はアベルの貢物に目を留められ、カインの貢物を無視さ
れたのか。これがカインの怒りでありアベル殺人へと繋がるのだ。
　この説話を、「遊牧民（＝アベル）と農耕民（＝カイン）の争
い、遊牧民の農耕民に対する優越性を正当化するもの」などと学
者が言いそうなくだらない分析はノー・サンキューだが……。
　世に我々が旧約聖書学者から学んだのは、羊の初子は最も貴重
で価値のあるものだから、それを自ら手放して神へ貢いだカイン
の心構えを神は褒め、依怙贔屓したということ。これって神学部
が僕に教えることかと言いたい。

　一方で神の偉大さを延々と生徒に教えながら、こんな贈り物で差別するなどまさに日本で言えば吉良上野介程度の汚職官僚の程度の神でしかないではないか。〈もちろん神に捧げるのは神を愛するから最も高い価値のものを出すのが当たり前〉だとの思考があるのだろうが、大きな声で言い返してやりたい。それっててめえら三大宗教の最も偉大な唯一の神の資質かね！アホらし！僕などこんなこと

ガエターノ・ガンドルフィ作
「カインとアベル　兄弟殺人」

を大切にする神などまっぴらごめんだ！最低だ！吐き気を催すまさに神どころか薄汚い人間の延長の神でしかないじゃないか！

　どあほ！

　さてプロテスタント系の伊藤大道なる牧師の意見がネットにあったので引用する。

「そのため、この神の選びということに関して、古来からさまざまな解釈が考え出されてきた。たとえばカインは農業を営んでいたが、農業はある程度人間の知恵や工夫によって収穫の良し悪しが決まるものである。カインはその自分の力で得た結果によって神に認めてもらおうとする傲慢な心があったために、献げ物が受け入れられなかったという考えがある。これには、救いを人間の力で得ようとするのは誤りだという考えが反映している。

　あるいは聖書の中でアベルが「羊の群れの中から肥えた初子を

持って来た」とあるのに対して「カインは土の実りを主のもとに献げ物として持って来た」という違いが挙げられることもある。家畜であれ人間であれ、当時は初子、最初に生まれてきた子どもは、神にささげる神聖なものであるとされ、大切にされた。アベルはその初子を持ってきたのに、カインはただ収穫の中から適当なものをささげたので、受け入れられなかったというのである。

ほかにも、カインの気性が生まれつき怒りっぽいために、神はその欠点を見抜かれて、より性格の良いアベルのほうを選ばれたという、全く想像の域を出ないようなものまである。

どの解釈も一見合理的な説明のようであり、そう言われるとそうだなという気がする。実際これらの解釈が今でも採用されることもある。しかしこれらの考えをよくよく突き詰めていくと、実は、神は平等でなければならないという思い込みがあることに気づかされる。

神は本来平等な方であるので、カインとアベルのどちらの献げ物も受け入れられるはずだ。それが一方だけ受け入れられないのは、その人に何か欠点があるからだという考えのもとに、先ほどの解釈は成り立っているのである。

しかし実際には、神の選びはそのような合理的な解釈では説明できないのではないかと思う。逆に説明のつかない、納得のいかないことのなかに御心が働くことのほうが多いのではないだろうか。

カインとアベルの物語にしてもそうである。カインの献げ物が神の目にとめられなかったということは、具体的には彼の農作物の収穫が激減するという形で表れたと思う。そして代わりにアベルの牧畜はみるみると潤っていったことだろう。二人への祝福の結果の違いは、そのように目に見える形で表されたはずである。こういった不公平さはたとえ理由があろうとなかろうと自然の営

みの中では往々にして起こりうるものである。

　そしてそれは何もカインとアベルに限ったものではなく、いつどのような場所、どの時代に生きる人であっても同じような経験をするのではないだろうか。貧富の格差、病気の有無、戦争と平和、自然災害といった不平等はどこにでもあるものであり、そういった不平等こそがこの世界の現実なのである。その現実の中で、人びとは諦めることもあれば、時に抗ったり、もがいたりしながら不平等をなくそうと努め、また時にはなぜこうなるのかということを真剣に神に尋ね求めていくのである。」

　最近の神学者が太古の昔ありえなかった技術第一主義やら環境問題やら男女平等などをその神学において援用するものが多いが、これって違和感以外の何ものでもない。さらにどうして神を慮って神の欠陥を指摘せずに持ち上げるのか。聖職者の典型だ！神に敬語をつける神父も多いが、全く異常な世界である。

モーセの十戒（תורבידה תרשע、Ten Commandments）の欺瞞と嘘と新しい十戒の勧め

　現在の価値観を古代に当てはめる間違いを犯してはならないのを重々承知の上で旧約聖書のモーセなどを読むと、こんな人物がもてはやされた過去を思うとき、逆にこんな時に生まれた新・旧約聖書を後生大事に今なお勝手に現代の都合に合うように解釈して迎合する態度も気に入らないが、そんな古代の人間を我々の見本にすること自体馬鹿げた行為であることに、まず気がつかないこの手の世界で生きる人の反知性を疑うばかりである。

　モーセのあの人殺しなどなんとも思わない人間が、しかもみなさん、間違えてはならないのは、このキリスト教とかユダヤ教とかいうものはまさにユダヤ人だけの世界、つまり同族だけに共通

な掟として言っているものをやれエキュメニズムやれ世界は一つ
など現代の価値観で解釈するからとんでもないことになる。

モーセの十戒：
わたしはあなたの主なる神である。
わたしのほかに神があってはならない。
あなたの神、主の名をみだりに唱えてはならない。
主の日を心にとどめ、これを聖とせよ。
あなたの父母を敬え。
殺してはならない。
姦淫してはならない。
盗んではならない。
隣人に関して偽証してはならない。
隣人の妻を欲してはならない。
隣人の財産を欲してはならない。

　モーセの十戒（ヘブライ語：תורבידה תרשע、英：Ten Command-
ments）とは、モーセが神から与えられ、旧約聖書の出エジプト
記 20 章 3 節から 17 節、申命記 5 章 7 節から 21 節に書かれてお
り、エジプト出発の後にモーセがシナイ山にて、神より授かった
と記されている。
　十戒の内容は神の意思が記されたものであり、モーセが十戒そ
のものを考え出し、自らもしくは他者に記させたものではない、
とされている。出エジプト記本文では神が民全体に語りかけたが
それが民をあまりにも脅かしたためモーセが代表者として神につ
かわされた、とされる。シナイ契約、または単に十戒とも呼ばれ
る。二枚の石板からなり、二度神から渡されている。最初にモー
セが受け取ったものはモーセ自身が叩き割っている。

　全く違う考え方の空間しかもユダヤ人以外に通用しない〈レイシズム〉のもとで綺麗事の十戒を畏って読んでいる他民族、こいつらと全く異なるアジアに存在する大和民族が、こんな異質な宗教に染まる、これらの日本人を見ると嘲笑したくなるが、一神教の神の嫉妬からなる三行目までを含めて当たり前の人間の最低限のモラルを言っているのにすぎないのがこの十戒なのであり、神がいかに嫉妬深くいかに平気で人間を殺すし殺させるのかが表れている。旧約聖書などは地獄絵にすぎない、マルキ・ド・サドが神様に見えるような隠微で残酷な世界である。

　世界的ベスト・セラーであるリチャード・ドーキンス『神は妄想である─宗教との決別』（垂水雄二訳、早川書房、2007年）は得る所の大きな無神論賛歌であるが、こんな記述がある。長くなるがそのまま引用することにした。

「「よい」聖書と移り変わる「道徳に関する時代精神」より

　聖書の話題を終える前に、その倫理上の教えのなかでもとりわけ嫌な側面について、注意を喚起しておかなければならない。『旧約聖書』と『新約聖書』の両方で一見推奨されているように見える、他者に対する道徳的配慮の多くが、もともとは非常に限定されたもので、そこに属する個人が帰属意識をもちやすい、いわゆる内集団に対してのみ適用されるべく意図されたものであったことを、キリスト教徒はほとんど意識していない。「汝の隣人を愛せよ」は、私たちが現在考えているようなことを意味するものではなかった。それは、「ほかのユダヤ人を愛せよ」という意味でしかなかったのである。この点は、アメリカ人医師で進化人類学者のジョン・ハートゥングによって、衝撃的な形で論証されている。彼は、内集団の進化と聖書における変遷について、その裏の側面──外集団への敵意──にも重点をおきながら、1つの注目すべき論文を書いたのだった。」

　本章は、いかに好意的な見方で臨もうとも、私たちが——宗教を信じる人間でさえも——道徳上の判断を下す根拠は聖書からは得られないと示すことから始まった。それならば、私たちは何が正しくて何が間違っているかを、どのようにして判定するのだろうか。この疑問にどう答えるかにかかわらず、私たちが事実の問題として、正しいあるいは間違っているとみなすものについては意見の一致が、驚くほどひろく行き渡った見解の一致が存在する。

　この見解の一致は、宗教とは明白な結びつきをもたない、けれどもそれは、本人たちが自らの道徳が聖書に由来すると考えていようといまいと、信仰をもつ人々にまで及んでいる。アフガニスタンのタリバンや、アメリカでそれに相当するキリスト教原理主義者という顕著な例外はあるが、大部分の人間は、倫理上の原則に関する、同様に幅広く行き渡ったリベラルな見解の一致に対して、口先だけの合意はする。

　私たちの大多数は、不必要な災禍を引き起こそうとは思わない。私たちは言論の自由を信じ、たとえ言われている内容に同意できない場合でも擁護する。税金を払い、人を騙さず、人を殺さず、近親相姦に走らず、自分がしてほしくないことは他人にしない。こうした善行に関する原則の一部は聖書に見いだすことができるが、それはまともな人間なら疑いたくないと思うようなことと一緒に埋め込まれている。そして聖書は、善行に関する原則を悪行に関する原則と区別するためのいかなる基準も提供していない。

　私たちが共通して備えている倫理観を表現する一つの方法として、「新十戒」として表すことがある。さまざまな個人や機関がそれを試みてきた。ここで重要なのは、それらが互いにかなりよく似た結果を生みだす傾向があり、つくりだされたものが、その立案者がたまたま生きていた時代に特徴的なものになっていることである。次に示すのは現代の「新十戒」の１つで、私がたま

たま無神論者のウェブサイトで見つけたものである。

・自分がしてほしくないと思うことを他人に対してするな。

・あらゆる事柄において、人を傷付けないように務めよ。

・あなたの仲間である人類、あなたの仲間である生物、そして世界全般を、愛、親切、誠実および敬意をもって扱え。

・悪を見逃さず、正義を執行することにひるむな。しかし、進んで認め、正直に後悔しているならば、いつでも悪事を許す心構えをもて。

・喜びと驚きの感覚を持って人生を生きよ。

・つねに何か新しいことを学ぶように務めよ。

・あらゆる事柄を検証せよ。つねに、あなたの考えを事実に照らしてチェックし、どんな大切な信念でも、事実と合わなければ捨てる心構えを持て。

・けっして反対意見を検閲したり、耳を傾けることを拒絶したりしてはならない。つねに他人があなたに反対する権利を尊重せよ。

・あなた自身の理性と経験をもとにして独立した意見をつくれ。むやみに他人の意見に導かれることを許してはならない。

・あらゆることに疑問を発せよ。

　私自身の修正版十戒では、前出のうちのいくつかを選ぶだろうが、とくに以下の項目は付け加えたいと思う。

・あなたの性生活を（ほかの誰にも危害を及ぼさないかぎり）楽しみ、他人が個人的に楽しむのを、それがいかなる性癖であろうと、ほうっておくこと。それはあなたに関係のないことだから。

・性別・人種・あるいは（可能な限り）生物の種の違いをもとにして、差別や抑圧をしない。

20世紀シャガール作
「モーセによる紅海割れ」

・子供を教化しない。子供には自分で考える方法、証拠を評価する方法、あなたに異議を唱える方法を教えよ。

・未来を自分の持つ時間のスケールよりも大きなスケールで評価せよ。

とはいえこのあたりの優先順位の違いは小さなことなので、気にする必要はない。肝心なのは、私たちほとんどすべてが、聖書の時代以来、大きな道のりを歩んできたということである。奴隷制は、聖書の時代および歴史の大部分を通じて当然のことと受けとめられてきたものだが、文明国では19世紀に消滅した。

選挙および陪審員としての女性の投票権は、1920年代まで広い範囲で否定されていたが、現在ではすべての文明国が男性と同等の権利を認めている。現代の文明化された社会（ここには、たとえばサウジアラビアは明らかに含まれていない）では、女性はもはや財産とはみなされないが、聖書の時代は明らかにそうだった。現代のいかなる法体系も、それをアブラハムに適用すれば、彼は児童虐待の罪で罰せられることだろう。

そしてもし彼が実際にイサクを犠牲にするという計画を行動にうつせば、私たちは彼に第1級殺人罪を宣告していただろう。しかし、当時の慣習に従えば、アブラハムの行為は全面的に賞賛すべきもので、神の戒律に従っていただけのことなのである。か

ように、宗教を信じていようといまいと、私たちは誰しも、何が
正しくて何が悪いかという態度において大きな変化をとげてきた。
この変化はどういう性質のものであり、何がその原動力なのだろ
うか。

　どんな社会にもどことなく謎めいた見解の一致が存在し、それ
が数十年単位で変化する。それに対して、別に気どるつもりもな
いが、ドイツ語から借用した時代精神という言葉をあてようと思
う。私は先ほど、婦人参政権が世界の民主主義国においていまや
普遍的であると述べたが、この改革がなされたのは、実際は驚く
ほど最近のことなのである。──リチャード・ドーキンス──

イサクの燔祭（はんさい）（The Binding of Isaac (Hebrew: עֲקֵדַת יִצְחַק) Aqedat Yitzhaq）

　旧約聖書の『創世記』22章1節から19節にかけて記述されて
いるアブラハムの前に立ちはだかった試練の物語である。その試
練とは、不妊の妻サラとの間に年老いてからもうけた愛すべき一
人息子イサクを生贄に捧げるよう、彼が信じる神によって命じら
れるというものであった。

　神たるものがこんなふざけた試練をするなど日本人の常識では
考えられないユダヤの思想が根本にある。僕は神学を学んだ時こ
んなバカな試練がと空いた口が塞がらなかった。この非常識なオ
カルト的な話を、続けた方がよく分かるだろう。つまり親たるア
ブラハムは神の命令は絶対とて、泣く泣く大事な一人息子を生贄
とすべく、自ら刃物で刺し殺そうとした時天使の声が聞こえるの
だ。

「22:09　神が命じられた場所に着くと、アブラハムはそこに祭壇

17世紀　レンブラント作
「イサクの燔祭」

を築き、薪を並べ、息子イサクを縛って祭壇の薪の上に載せた。 22:10 そしてアブラハムは、手を伸ばして刃物を取り、息子を屠ろうとした。 22:11 そのとき、天から主の御使いが、「アブラハム、アブラハム」と呼びかけた。彼が、「はい」と答えると、22:12 御使いは言った。「その子に手を下すな。何もしてはならない。あなたが神を畏れる者であることが、今、分かったからだ。あなたは、自分の独り子である息子すら、わたしにささげることを惜しまなかった。」」

　このアブラハムの態度により、その信仰心が試されめでたしめでたし、アブラハムのその神への信仰は揺るぎないものと評価されユダヤ教キリスト教イスラム教から絶賛されるということだ。まるでお笑いだ。血も涙もない神の試練と、それをまともに守り我が子を殺そうと決意する親アブラハムの態度など、日本人ののどかな民族性に合うわけもないだろうが！

　プロテスタントの哲学者セーレン・キルケゴールは、このアブラハムの熱烈な信奉者であったが、その著書『おそれとおののき』において、イサクの燔祭におけるアブラハムの心理状態を考察し、不条理な信仰と懐疑論に陥らない人生の可能性について検討した末、それを成し遂げたアブラハムを信仰の英雄として讃え

ている。皆さんが大好きなキルケゴールなど、この程度の見識しかないのである。

アブラハムは無限の諦念を通じてその無限を飛び越えた舞踏者に見立てられているのだが、それは奈落の底を通じて至高の境地に達するという発想である。キルケゴールによれば、アブラハムには最も背徳的ともいえる手段、すなわち自殺という選択肢もあったのだが、その絶望の境地から一躍、信仰の父としての評価を勝ち取ったとしている。冗談ではない。自殺でなくて我が子を守るために神の存在をありえないとして無視するのがアバラハムの取るべき態度だろうが！爆笑

キルケゴールのこの考えなど、クソでしかなく全く同意できない狂気の沙汰だ。こんな西欧というかユダヤの奴隷宗教がもたらした狂気の沙汰の思想こそユダヤ人が、同じく狂気の沙汰のヒトラー・ナチスドイツに逆手を取られてホロコーストなる自滅を招いたのだ。日本民族から程遠い思考法だ。

さて学問的に、神が燔祭を命じた動機については、伝統的に三つの解釈が支持されている。アブラハムの信仰心を試すため。またそれは、このような事態に陥っても動じなかった彼の偉大な精神を公にするためでもあった。

燔祭の場所として指示されたモリヤの山が神聖な地であることを示すため。ユダヤ教の伝承によれば、この出来事は現在、神殿の丘と呼ばれている場所で起きたとされている。

イスラエル民族から人身御供の習慣を絶つため。この習慣はカナン地方ではモレク崇拝やバアル崇拝などで一般的に行われていたという。

「22:01 これらのことの後で、神はアブラハムを試された。神が、「アブラハムよ」と呼びかけ、彼が、「はい」と答えると、22:02

神は命じられた。「あなたの息子、あなたの愛する独り子イサク
を連れて、モリヤの地に行きなさい。わたしが命じる山の一つに
登り、彼を焼き尽くす献げ物としてささげなさい。」22:03 次の朝
早く、アブラハムはろばに鞍を置き、献げ物に用いる薪を割り、
二人の若者と息子イサクを連れ、神の命じられた所に向かって行
った。 22:04 三日目になって、アブラハムが目を凝らすと、遠く
にその場所が見えたので、22:05 アブラハムは若者に言った。「お
前たちは、ろばと一緒にここで待っていなさい。わたしと息子は
あそこへ行って、礼拝をして、また戻ってくる。」22:06 アブラハ
ムは、焼き尽くす献げ物に用いる薪を取って、息子イサクに背負
わせ、自分は火と刃物を手に持った。二人は一緒に歩いて行っ
た。 22:07 イサクは父アブラハムに、「わたしのお父さん」と呼
びかけた。彼が、「ここにいる。わたしの子よ」と答えると、イ
サクは言った。「火と薪はここにありますが、焼き尽くす献げ物
にする小羊はどこにいるのですか。」22:08 アブラハムは答えた。
「わたしの子よ、焼き尽くす献げ物の小羊はきっと神が備えてく
ださる。」二人は一緒に歩いて行った。 22:09 神が命じられた場
所に着くと、アブラハムはそこに祭壇を築き、薪を並べ、息子イ
サクを縛って祭壇の薪の上に載せた。 22:10 そしてアブラハムは、
手を伸ばして刃物を取り、息子を屠ろうとした。 22:11 そのとき、
天から主の御使いが、「アブラハム、アブラハム」と呼びかけた。
彼が、「はい」と答えると、22:12 御使いは言った。「その子に手
を下すな。何もしてはならない。あなたが神を畏れる者であるこ
とが、今、分かったからだ。あなたは、自分の独り子である息子
すら、わたしにささげることを惜しまなかった。」22:13 アブラハ
ムは目を凝らして見回した。すると、後ろの木の茂みに一匹の雄
羊が角をとられていた。アブラハムは行ってその雄羊を捕まえ、
息子の代わりに焼き尽くす献げ物としてささげた。 22:14 アブラ

ハムはその場所をヤーウェ・イルエ（主は備えてくださる）と名付けた。そこで、人々は今日でも「主の山に、備えあり（イエラエ)」と言っている。 22:15 主の御使いは、再び天からアブラハムに呼びかけた。 22:16 御使いは言った。「わたしは自らにかけて誓う、と主は言われる。あなたがこの事を行い、自分の独り子である息子すら惜しまなかったので、22:17 あなたを豊かに祝福し、あなたの子孫を天の星のように、海辺の砂のように増やそう。あなたの子孫は敵の城門を勝ち取る。 22:18 地上の諸国民はすべて、あなたの子孫によって祝福を得る。あなたがわたしの声に聞き従ったからである。」22:19 アブラハムは若者のいるところへ戻り、共にベエル・シェバへ向かった。アブラハムはベエル・シェバに住んだ。」

預言者というイカサマ・ペテン師が聖書学の中核？　まさにオカルトでしかない

　キリスト教の勉強をしていて何が嫌になるかというのが一つは奇蹟であり、もう一つは預言者というコンセプトで、これこそまさに近代における非科学的・非論理的存在であり、これがある限り僕のような近代主義者は絶対に信仰を持てないし、こんなものが崩壊することは時間の問題である。しかもキリスト教はまさにこの奇蹟や預言者の存在を絶対的存在する超越だと考えているから救いようがないのである。

　はっきり言うと旧約聖書の預言者はイカサマ・ペテン師にすぎない。だいたいそう言うように後付けで組みたてられている、つまり後出しジャンケンと言えるものだ。

　旧約聖書にある預言者は、神の御心を的確に得ることができる人間界の受け皿としての代表で、この見え見えにペテン師の預言

が人々を導いていくというストーリー作りは、まさに後付けの捏造である。

　もったいをつけて聖書は預言者には偽と本物がおり、偽物の特色は大衆迎合性、権力に迎合する御用学者的存在性で、本物は厳しく世の本質の流れをつかみ、大衆が嫌う甘言を言わず、むしろ耐えるべきは耐えるなど真摯な指導性で、かつそれがために迫害されても死を賭して生きる強さなどなど、自ら聖書自体がそのインチキ性をご丁寧に教科書的解釈がるから滑稽以外の何ものでもない。

　日本の陰陽師は、古代日本の律令制下において中務省の陰陽寮に属した官職の1つで、「陰陽五行思想に基づいた陰陽道によって占筮及び地相などを職掌とする方技（技術系の官人。技官）として配置された者」と定義される。それら官人が後には本来の律令規定を超えて占術などの方術や、祭祀を司るようになったために陰陽寮に属する者全てを指すようになった。さらには中世以降の民間において個人的に占術等を行う非官人の者をも指すようになり、声聞師と重ねられることもあって「声聞師」と呼ばれる場合もあった。中・近世においては民間で私的祈祷や占術を行う者を称し、中には神職の一種のように見られる者も存在した。

　彼らは多くの預言のうち、たまたま当たったものを選別しただけの話である。古今東西この手の策士が預言者に必要な素質だったのだろう。日本の世紀に活躍した安倍晴明という人物がいるが、花山天皇に取り入り、しばしば晴明によって占いや陰陽道の儀式を行った様子が見られるようになる。

　花山天皇の退位後は、一条天皇や藤原道長の信頼を集めるようになった。彼の手口は『安部晴明随忠行習道語』に見られる。晴明が幼少の頃、賀茂忠行の夜行に供をしている時、夜道に鬼の姿を見て忠行に知らせた。忠行は晴明が優れた才能を持つことを悟

り、陰陽道のすべてを教え込んだ。陰陽道の大家となった晴明は、ある時、播磨国から来た陰陽師に術比べを挑まれたが、いともたやすく懲らしめた。

　仁和寺の寛朝僧正のところで、同席した公卿達に陰陽道の技でカエルを殺してみせるようにせがまれ、術を用いて手を触れずにカエルを真平らに潰した。晴明の家では式神を家事に使っており、人もいないのに勝手に門が開閉していた（『安部晴明随忠行習道語』）。

16世紀　ミケランジェロ作
「預言者エレミアの嘆き」

　まさに旧約聖書にある大掛かりなインチキ・ペテン性とは異なるが、要は〈奇蹟〉的なことをトリックとして用い、あるいは側近がでっち上げた山師像が、旧約聖書にある預言者列伝の姿なのである。とりわけ三大預言者としてエレミヤ、イザヤ、エゼキエルがまさに日本で言えば陰陽師みたいなものだ。

　物語のでっち上げで、いかにも〈真の預言者〉として、〈偽の預言者〉と劃しているが、数多くの預言を行った中でたまたま後世の歴史に合致したものを選別しただけの話である。ここで言っておくと、世の中には占い師などが跳梁跋扈しているが、だいたい彼らの言い方はいかようにも解釈できるというインチキ性はもとより、多くの預言を言ったらそのうち、たまには当たるものがあるということ。これをありがたがっていたのは、理数系の頭脳

もない当時の野蛮人の IQ が、その程度だったというだけの話である。

この本でも紹介しているがキリスト教が必然の結果とするために旧約と新約の辻褄あわせのタイポロジーという手口により、イザヤなどがイエスを預言していたなどと真顔で神学部教授や神父が講義するのを聞いて、僕などは阿呆らしくて腹の底でせせら笑い、心底軽蔑していた。そもそも聖書を神が書いたことになっており、生徒も真顔で先生の言うことを聞いていること自体、まさにオカルト教室であると常識人は思うのが当然である。

とにかく辻褄合わせの後出しじゃんけん的なでっち上げ、存在しない神の託宣が聞こえるというありえなさ、よしんば神が存在しても、そんなものを聞き取れる人間があるわけもない。こういった子供騙しが野蛮時代には通じただけの話で、現代はこんな下らない預言者の話を〈人間進化論〉の視点で研究するのならともかく、ナンセンスもいいところだ。こんな過去のギリシャ神話程度の物語を〈神話〉として整理せずに未だに真顔で信じるのがキリスト教徒なのだから、呆れ果てて空いた口が塞がらない。

ヨブ記 〜 神がいるのに不幸があることの教会の便利な言い訳

『ヨブ記』（ヨブ記、ヘブライ語：בּוֹיֵא רֶפֵס）は、『旧約聖書』に収められている書物で、ユダヤ教では「諸書」の範疇の三番目に数えられている。『ヨブ記』では古より人間社会の中に存在していた神の裁きと苦難に関する問題に焦点が当てられている。正しい人に悪い事が起きる、すなわち何も悪い事をしていないのに苦しまねばならない、という『義人の苦難』というテーマを扱った文献として知られている。

〈まずメクラ判で信じなさい〉というのがキリスト教の最大のイ

ンチキ・トリックの予防線だ。特に現代人は理路整然とロジックがない限りメクラ判などあり得ないのだ。それはコリントの信徒への手紙1にある三日間の出来事をそのまま信じることが信仰の始まりだ：

「15:03 最も大切なこととしてわたしがあなたがたに伝えたのは、わたしも受けたものです。すなわち、キリストが、聖書に書いてあるとおりわたしたちの罪のために死んだこと、15:04 葬られたこと、また、聖書に書いてあるとおり三日目に復活したこと、15:05 ケファに現れ、その後十二人に現れたことです。」

　死んだはずのイエスが復活して生き返るなどそのまま信じることができるわけがないだろう。それとも今の日本人の信者って、このケリギュマですら知らないで洗礼を受けているのではないかと思いたくなるほどで、こんな言葉など普通の感性の日本人ならフラットリー・ノーだろう。

　ところがキリスト教はこのメクラになって信じろと言う。少なくとも僕はそんなことは絶対にできない、理路整然としていない限り信じることは一切できない。どっかの神父さんが、実に軽々しく〈信仰は博打に賭けるのと同じようなもの〉と真顔で言っていたが、これでも学者かと言いたくなった。救いがたい詐欺師の言動だと僕は怒りで体が震えたほどだ。

　キリスト教の神学者たちが、その営利主義から（2000年も前から営利主義は絶対に存在した）組織を賄うためには（特にタダメシの聖職者たちを食わせなければならない）寄付を集めなければならない。そこで金を集めるためには信者候補は、これだけ金を払うからにはちゃんとご利益があるだろうと思うことこそが健全な人間の当たり前の頭脳構造だ。

　しかし聖職者側からすれば、これは組織そのものを破壊する。だから〈とにかくグダグダ言わず信じなさい〉の言葉でとにかく

金を出させると言うのは実に理に叶っているわけだ。ところが信者は金を払うからには実現がないと困ると当たり前のご利益を狙っている。聖職者側は全く自信がない。そこで登場したのがこのヨブ記である。これは、真面目な理想的信者を襲う不幸の数々の中で、それでもヨブさんはアホみたいに神を信じる。キリスト教は巧みにこのヨブの理想的姿を援用して、ご利益の実現などがそう簡単に得られないことで予防線を張っているのだ。

　キリスト教の信者になるほど、経費とそれに見合うペイが一致しないものはない。先日の有名神父さんではないが、〈博打〉として最低の期待利益だろう。古代の社会では科学的発想も皆無だから、これで善人を騙すことができたのだが、今は無理だろう。人々が科学を知った以上、こんな馬鹿げた期待値しかないものに誰もが博打を打つものだろうか。近代の普通の知性の持ち主なら、そんな可能性はゼロなのである。

善きサマリアの人たとえ（Parable of the Good Samaritan）の〈政治利用〉に反論する

　新約聖書中のルカによる福音書だけにある、イエス・キリストが語った隣人愛と永遠の命に関するたとえ話である。他の福音書には記されていない。

「10:28 イエスは言われた。「正しい答えだ。それを実行しなさい。そうすれば命が得られる。」10:29 しかし、彼は自分を正当化しようとして、「では、わたしの隣人とはだれですか」と言った。10:30 イエスはお答えになった。「ある人がエルサレムからエリコへ下って行く途中、追いはぎに襲われた。追いはぎはその人の服をはぎ取り、殴りつけ、半殺しにしたまま立ち去った。　10:31

ある祭司がたまたまその道を下って来たが、その人を見ると、道の向こう側を通って行った。 10:32 同じように、レビ人もその場所にやって来たが、その人を見ると、道の向こう側を通って行った。 10:33 ところが、旅をしていたあるサマリア人は、そばに来ると、その人を見て憐れに思い、10:34 近寄って傷に油とぶどう酒を注ぎ、包帯をして、自分のろばに乗せ、宿屋に連れて行って介抱した。 10:35 そして、翌日になると、デナリオン銀貨二枚を取り出し、宿屋の主人に渡して言った。『この人を介抱してください。費用がもっとかかったら、帰りがけに払います。』10:36 さて、あなたはこの三人の中で、だれが追いはぎに襲われた人の隣人になったと思うか。」10:37 律法の専門家は言った。「その人を助けた人です。」そこで、イエスは言われた。「行って、あなたも同じようにしなさい。」」

　実は、隣人愛の隣人もユダヤ教で既に定義されていた。つまり血統としてユダヤ人でかつ信仰共同体としても他民族でなく、あくまで同じユダヤ人である隣人理解である。しかしイエスは「良きサマリヤ人」のたとえでこれを突き崩そうとしたというのである。

　レビ人とはユダヤ人の司祭である、それは冷たく半殺しの怪我人に巻き込まれないように無視した。本来隣人愛の定義にあるユダヤ人にもかかわらずだ。そしてユダヤにとって宿敵だったサマリア人が手厚く、そのユダヤ人の怪我人に対処したというのだ。

　これを冷静に熟読すると、この「サマリヤ人でさえこんなに良いことをする」という発想は、差別意識の裏返しで、差別に気づいた良心的な人々が差別を克服するために最初に抱く優しさのこもった心だ。イエスはサマリヤでは活動したことがないし、弟子や支持者たちの中にもサマリヤ人は見当たらないとも記している

17世紀　レンブラント作
「善きサマリア人」

ほどだから、この譬話が本当にイエスのものなのかどうか、甚だ疑わしいのである。

　ガリラヤは政治経済的に自立性がもともと小さく、マカビー朝によってサマリヤよりもたやすくユダヤ化された。そういうガリラヤ系のユダヤ人としてイエスは存在し、思惟し、活動した。だからこの譬話でイエスの論点は、ユダヤ人司祭でありながら、実際行動では何もしない、日常的宗教性の支配に対する反抗なのだ。マタイ福音書のこの箇所に、ルカに対応する箇所がある。

「05:43「あなたがたも聞いているとおり、『隣人を愛し、敵を憎め』と命じられている。 05:44 しかし、わたしは言っておく。敵を愛し、自分を迫害する者のために祈りなさい。」

「敵を愛せよ」とは隣人愛の観念の対として「敵を憎め」を伴っているのだから、これを直視しなければならないということである。つまりイエスの皮肉と反抗の癖としてこの言葉（敵を愛せよ）を捉えなければならないのだ。

　この隣人愛が時代の進化とともに、金科玉条のようにもてはやされ、キリスト教の真髄のも言えるものになってきているが、イ

エスの考えはそのようなものではなく、ユダヤ人の特権階級の間
での言葉でしかないのである。すべて、その時々に勝手な解釈を
こじつけるのが、キリスト教神学者であるといえる。

　マーティン・ガードナーとマーティン・ルーサー・キング・ジ
ュニアは、共にこの逸話を人種差別否定の思想としているのは滑
稽だ。

　ガードナーは著書『奇妙な論理〈1〉─だまされやすさの研
究』（早川書房）において「イエスが愛されるべき真の「隣人」
の例としてサマリア人を選んだのは、古代エルサレムではサマリ
ア人は軽蔑された少数民族だったからだということを、悟る人は
ほとんどいない」「「サマリア人」のかわりに「黒人」をおいたと
きはじめて、あなたはこのたとえ話の意味を、当時キリストのこ
とばをきいた人々が理解したとおりに、理解するはずである」
（前掲、同）と述べた。

　1968年4月3日（キング暗殺の前日）には、「レビ人は、『も
しわたしが旅人を助けるために止まったならば、わたしはどうな
るか』という疑問を持ち、サマリア人は逆に、『もしわたしが旅
人を助けなかったならば、彼はどうなってしまうか』という疑問
を持ったのです」と指摘している。

　僕が言いたいのは、人種差別に賛成ということでなく、現代の
風潮である、何か〈正義面して発言するものに対して〉いかなる
学問的かつ論理的な反論をすると、発言者が袋叩きになるか、発
言できない空気が支配する、いわば言葉狩に対して怒りを発散す
る意味で、この隣人愛など学問的に説明すると決して、キリスト
教信者の尊敬されるイエスの発想ではないと言いたいのだ。

　余談だが、ついでに現在、アメリカ合衆国などで導入されてい
る善きサマリア人の法 (good Samaritan law) とは、「窮地の人を救
うために善意の行動をとった場合、救助の結果につき重過失がな

ければ責任を問われない」といった趣旨の法である。

「皇帝のものは皇帝に、神のものは神に返しなさい」これが〈政教分離〉のキリスト教思想かよ　笑えるな

「皇帝のものは皇帝に、神のものは神に返しなさい」とは新約聖書の三共観福音書（「マタイによる福音書」、「マルコによる福音書」、「ルカによる福音書」）に共通に書かれているイエスに関する言動を描いたエピソードのひとつである。「マタイによる福音書」（22章15節から22節まで）によれば：

「22:15 それから、ファリサイ派の人々は出て行って、どのようにしてイエスの言葉じりをとらえて、罠にかけようかと相談した。 22:16 そして、その弟子たちをヘロデ派の人々と一緒にイエスのところに遣わして尋ねさせた。「先生、わたしたちは、あなたが真実な方で、真理に基づいて神の道を教え、だれをもはばからない方であることを知っています。人々を分け隔てなさらないからです。 22:17 ところで、どうお思いでしょうか、お教えください。皇帝に税金を納めるのは、律法に適っているでしょうか、適っていないでしょうか。」22:18 イエスは彼らの悪意に気づいて言われた。「偽善者たち、なぜ、わたしを試そうとするのか。 22:19 税金に納めるお金を見せなさい。」彼らがデナリオン銀貨を持って来ると、22:20 イエスは、「これは、だれの肖像と銘か」と言われた。 22:21 彼らは、「皇帝のものです」と言った。すると、イエスは言われた。「では、皇帝のものは皇帝に、神のものは神に返しなさい。」22:22 彼らはこれを聞いて驚き、イエスをその場に残して立ち去った。」

　つまりイエスを敵視するファリサイ派の人々が手下たちを派遣して、イエスの言葉じりを捉えて彼を陥れようとして「皇帝に税金を納めることは、律法にかなっていることでしょうか」と尋ねさせた。イエスは「税金に納めるお金を持ってきなさい」といって、持ってきたデナリオン銀貨にローマ皇帝の肖像が刻印されているのを見せて、「皇帝のものは皇帝に、神のものは神に返しなさい」と教えたと言うのが概要だ。

　この逸話は一般に、日常の社会生活と信仰の問題をイエスが明らかにしたものと解釈されているが、様々な解釈や意見がある。

　なお当時、為政者の肖像をコインに刻む行為はよく行われていたが、ユダヤ人は偶像崇拝をタブーとしていたのでユダヤの君主はハスモン朝の王たちやヘロデ大王は自分の肖像をコインに入れずに名前と在位年を記す程度で、イエスが活動していた当時のガリラヤ地方の領主ヘロデ（アンティパス）もコインに肖像を入れていなかった（兄弟のフィリッポスはユダヤ人の少ない地域を治めていたのでローマ皇帝の肖像入りの銅貨を鋳造していた）。

　ただし、こうしたローマの同盟領主は銅貨の鋳造は独自の判断で行えたものの、銀貨以上は原則認められなかった（考古学的にもヘロデ一族の君主が作った硬貨は銅貨しか見つかっていない）ので、銀貨を使う場合ユダヤ人たちもローマ帝国自らが発行している皇帝の肖像入りの銀貨を使用するしかなかった。

　だいたい聖書を解釈する時に、いつも現代の価値観から強引に曲解するのが聖書学の偽善でもあり欺瞞でもある。僕が神学を勉強していた時に、その神学部の教授たちが、キリスト教の精神を勝手に自分たちで捏造し、解釈も強引にこれは平和主義だとか平等主義だとか暴力否定だとか生命至上主義だとかに、我田引水するのが常だった。そして同様に「皇帝のものは皇帝に、神のものは神に返せ」の本来的な意味を、これをなんと「政治と宗教の分

離」の主張たる、俗にいう「政教分離」の教えで聖書解釈を片付けるという、僕はそう言う解釈でケッタイな話やと思いながら、ことを荒立てなかったのも事実だ。

　さて当時の人民に過酷に課せられた帝国の税金と教団の神殿税による経済的疎外、ローマ帝国とユダヤ教の政教両方の世俗権力に対する、皮肉屋イエスらしい、しかも的をえた素晴らしい批判であることが、なぜ2000年間主張がなかったのか不思議だ。例えば、ある大学の神学部では教授が「政教分離の原則」の話題になった際に、指導教授が「そういえばキリスト教で『カイザル（皇帝）のものはカイザルに、神のものは神に』の政教分離の教えが昔からあって……」なる発言をしたことを誰かから聞いたことがある。

　イエスはユダヤ教の律法学者やパリサイ派の人達から、反感と殺意をもってマークされ、ローマ帝国とユダヤ教団の政教両方の世俗権力から「新興」宗教家の「異端」の危険人物とされた（最期イエスは磔刑）。そのために、連中はイエスをひっかけ質問をして、その回答によっては動かぬ証拠として断罪するのに手ぐすねを引いて待っていた事情がある。

　「22:17「ところで、どうお思いでしょうか、お教えください。皇帝に税金を納めるのは、律法に適っているでしょうか、適っていないでしょうか。」22:18 イエスは彼らの悪意に気づいて言われた。」

　これに対するイエスの回答はまさに絶品と言えるほど賢明でかつ彼らをケムに巻く智略があったのだ。まさにローマ帝国を皮肉ると同時に世俗宗教集団への強烈な怒りにオブラートをかぶせて巧妙に答えたものである。

　まさに「世界宗教の立場にあるがゆえに世俗の政治権力や民族宗教的既成教団と同じ次元に自らを決して置かず、彼らとは異な

ローマ皇帝の肖像が刻印されているデナリオン銀貨

る、一段高い次元からあえて高踏的・反語的・間接的になす言外の意や絶妙なニュアンスを含む」イエスの激しい「宗教批判」の言動を読み解き説明できているところが非常に優れているのである。

　さらに、このエピソードは貨幣経済が浸透し人々の貧富の格差が激しく、多くの人が収奪され抑圧・疎外されるローマ帝国覇権下の古代の地中海世界において、貨幣経済の矛盾に伴うイエスの中での「富（者）に対する直感的な反発」、まさに現代で言う〈格差問題〉もあるかもしれないが、そう言うと僕が自己抑制している現代の価値観で聖書を判断することになってしまうので、これ以上はやめる。

山上の垂訓(SERMON ON THE MOUNT)に見るお伽話の世界

1　実現不能な妄想の世界

　山上の垂訓は、新約聖書内マタイ福音書第五章から七章にある、イエス・キリストが山上で弟子たちと群集に語った教えのことを意味する。

　教えの最も有名な部分は「幸福なるかな」と執拗に繰り返される箇所である。

「右の頬を打たれれば、左も向けなさい」、「汝の敵を愛せよ」、「裁くな、裁かれないためである」、「何でも人にしてもらいたいと思うことは、その人にしなさい」などキリスト教徒にとって中心的な教義が述べられているのだ。

　さて平和や戦争を考える場合、聖書の山上の垂訓は、議論が闊達に融通無碍とすることの足かせとなる。一方でイエスの逆転の発想ともいえる山上の垂訓は、まさに旧約聖書が克服できなかった問題を、いわば理想の形でイエスが説いたものといえるだろう。当然人間である以上これを遵守できるものは絶対に不可能であることは間違いない、なぜかかる 2000 年にわたるキリスト教史上から見ても全くその趣旨に反する歴史的事実が存在する中で、いかに歴史的にこの問題を考えてきたのか大変興味深いところである。

　福音におけるイエスの山上の垂訓（マタイ福音書 5 章〜 7 章）にて十戒（出エジプト 20：13）〈殺してはならない〉を徹底化している。4 世紀のコンスタンティヌス大帝による 313 年ミラノ勅令によりキリスト教が認められ、教会は社会的実情に合わせて〈殺すな〉という戒めは次第に個人的倫理の領域に限られるようになった。

　マタイ福音書の 5 章から 7 章に書かれている、イエス・キリストの山上の垂訓について、これが一般的な毎日の暮らしに適用されるのかどうかの議論でハーヴェイ・マッカーサー（Harvey King McArthur）の議論が興味深い。その中には原理主義とも言える厳格な遵守項目として固く守り通した者もいる。そして修正主義者も当然出てくる。それはテキストをパラフレーズして和らげたり、誇張としての教訓とする見方がある。あるいはこのような掟は神父など聖職者が守るものであると言う二領域論（宗教的領域と俗世領域）とするルターなどの考え方である。さらにはこ

の掟はイエスが、終末が差し迫っている状況で確信したものであり、当時の終末までの期間に適用されるというシュヴァイツアーの中間倫理などもある。

　高度に近代化した現世では現実にこのように生きることは困難であり、結局躓いてしまうのが落ちである。まさに神の国が実現したときに可能となるものだというディベリウスの考え方の記載があり興味深い。同様な考えがドストエフスキーの『カラマーゾフの兄弟』のイワンの語る大審問官伝説にある。

　このハーヴェイ・マッカーサーの書籍を参照しながら、僕がパリ・カトリック学院（ICP）遊学時代に書いた論文を本書の巻末に付録２として添付した。当時の能力内のフランス語での論文である。

　さて、そのハーヴェイ・マッカーサー（McArthur, Harvey King.）が『Understanding the Sermon on the Mount』Westport: Greenwood Press, 1978 の中で次のように説明している。それは 12 の考え方を列挙していて興味深い。

■原理主義（Absolutist View）としてはあらゆる妥協を許さないし、信者が救いの代償としての極めて合理的な生活の守るべき規範である。それは文字通りそして普遍的に守らねばならない。それを守ったのがアッシジのフランチェスコであり晩年のレオ・トルストイとディートリッヒ・ボンフェファー位であった。どの宗派もこれを守っていないが、初期のアナバプティスト（Anabaptist）やメノー派（Mennonites）やフッター派（Hutterites）など近代のアナバプティストはこの掟を比較的厳格に守っている。

■ひとつの方法は共通ではなく宗派でお墨付きを得ているものではないが、単に山上の垂訓を変えてしまうことである。その中に修正主義（Modify the Text of the sermon）がある。古代にも聖書のテキストを受け入れやすく変えたことがあった。例えばマタイ

5:22〈だれでも兄弟に腹を立てるものは裁きを受ける〉を〈誰でも兄弟に原因なく腹を立てるものは裁きを受ける〉や〈敵を愛せよ〉を〈あなたの敵に祈りなさい〉など。近代でも語句をパラフレーズすることによりラディカルさを薄めようとすることが行われている。

■これらを誇張法（Hyperbole）として考える見解がある。山上の垂訓でのイエスが述べたことはまさに誇張である。だから実生活に適用するためにはトーンダウンして教える必要がある。マタイ5：29〈・・目を抉り出す・・〉などその最たるものであり誇張法の典型である。ただしどれが文字通り取るべきか否かで異論はある。

■一般原則（General Principles View）という考え方で、イエスは何も特に指示したものではなく一般原則を述べたに過ぎない。山上の垂訓で引用された事柄は単に一般論の例を挙げたに過ぎない。

■二重基準（Double Standard View）はローマ・カトリック教会の公的基準である。山上の垂訓を二つに分ける。すなわち general precepts と specific counsels に分け general precepts への服従は不可欠とし、counsels への服従は単に完全性のためとする。多くの人々は自分自身を general precepts によって律する。一方 counsels は牧師や僧侶によってのみ守られる。聖アウグスティンが提唱しその後、トーマス・アクイナスにより発展させられた。〈まさにこれを完全に受けられる人は完璧である。だからといってこれが不可能でも、できることをしなさい〉（Apostolic Decree of the Council of Jerusalem of Acts of the Apostles 15.）

■マーティン・ルター（Martin Luther）はカトリックのアプローチを拒否した。マッカーサーの造語としての二つの領域論（Two Realms View）を提示し宗教的領域（religious）と世俗領域（secular realms）に分けたのである。そして山上の垂訓は霊の世界にだけ適用される。そしてこの世のなかで、たとえば家族や従業員や軍人などは妥協できるとした。だからこそ裁判官は犯罪人を裁けるのであり、一方で犯罪人の運命を思って嘆くのであると言った。

■時を同じくしてプロテスタント改革が行わせ聖書的批判が聖書類推論（Analogy of Scripture View）に導いた。聖書を良く読むと山上の垂訓の最も厳格な教えが新約聖書の他の部分で和らげてある事実がある。例えばイエスは誓いを禁じたが、パウロは少なくとも二回誓っている。このように山上の垂訓も例外があるということだ。

■19世紀に入っていくつかの解釈がでてきた。ウイルヘルム・ヘルマンは行為（Acts）ではなく態度（Attitudes）として受け入れた。山上のイエスはどう行うべきかというのではなくどういう態度で臨むべきかを示したとする。つまり行為の背後にある態度こそがより重要だということである。

■アルバート・シュヴァイツアー（Albert Schweitzer ）は中間倫理（ Interim Ethic View）を持ち出した。イエスが終末がさし迫っている状況で確信したものであり、終末までの期間での教訓であること。

■20世紀においてドイツの思想家マルティン・ディベリウス（Martin Dibelius）は終末論を念頭において神の無条件意志論（Unconditional Divine Will View）を述べ、山上の垂訓にある倫理は絶対的であり曲げることはできないものだが、現在の堕落した社会の状態ではこれに沿って生きることはできない。これに忠実であれば結局は失敗につまづくだけである。神の国が実現したときすべての人々は神のように振舞うことができるだろう。この考えは19世紀末のドストエフスキーの『カラマーゾフの兄弟』にも同

じようなことが書かれている。

■悔い改め論（Repentance View）はイエスは山上の垂訓など土台無理な話と理解したうえで、人々がそれに沿うことができないときに、悔い改めができるという意味である。

■プリマス・ブレザレン（The Plymouth Brethren）による終末論に基く天啓史観（Dispensationalism）で人類史を , ages or dispensations のシリーズに分け、今日は山上の垂訓に沿って生きることができない時代にある。しかし未来の千年王国においてそれが可能であり、それに従うものは確実に救われると。

　いずれにせよ、現実論で山上の垂訓が行動として行うことがほぼ不可能であるから諸説が生まれたことは明らかである。

田川建三のイエス説

　田川建三という、この男はキリスト者で、聖書学者として〈神を信じないクリスチャン〉を名乗り、ユニークなイエス論を展開している。1935 年生まれで東京大学宗教学科で学んでおり、ストラスブール大学に留学。エテイエンヌ・トロクメに師事し、1965 年に宗教学博士の学位を取得している。2004 年に発刊された『イエスという男』（中央製版印刷）は、ユニークなイエス論として圧巻である。

　僕が学生時代、全共闘がゲバ棒をふるった時代、その当時南米から〈解放の神学〉が世界の階級闘争に乗じる風で流行り釜ヶ崎闘争などにキリスト教が登場した。彼らの言い方を援用すると、「山上の垂訓」にての「ああ幸いだ、貧しい者たち」のイエスの言葉をして、田川は激しく反論する。「飢える者、泣く者である、現実に貧しい者は本当に幸いか。貧しい者は実際に幸福ではあり得ないではないか。ここにイエスの静かな怒りと反語による逆説

的反抗がある」イエスの生涯は「逆説的反抗者の生と死」であったのだと言うのだ！

ユニークな田川のアプローチだが、興味のある方は同書を読まれることをお勧めする。

「偽善と欺瞞」跋扈

物事を善と悪とか〈何々してはなりません〉といった命令こそが全体主義的集団を作るのは歴史が証明している。キリスト教とはまさにこれの集合体なのである。後述するが、カトリックがナチス・ドイツとタッグを組んだのは、両者の根底には同じように〈何々してはいけません〉という勝手な道徳をでっち上げ、それに反するものは異端として退け、拷問・火あぶりで反対者を葬ってきた歴史に通じる。価値観の押し付けほど恐ろしいものはない。異論を封じる世界ほど不気味な世界はない。キリスト教とナチス・ドイツが蜜月だったのは、そこの根っこを共有していたからである。

まず考えてもらいたい、人間社会それぞれ歴史的に確立したモラルがある。そのモラルは生活の知恵的な要素があり、それは人々を自然に拘束できるナチュラルなものだ。ところがキリスト教の掟たるや、人間である限り遵守はまず不可能だ。誰が敵を愛することができようか。誰が敵である隣人としたら愛せようか。

もちろんストラテジックな対応があるから（口先だけの世界も必要悪としてありうる）、それは愛の世界とは無縁だ。それはマキャベリズムに過ぎない。ところがキリスト教はそれをそのまま信じ込んで人々を拘束する。誰がうわべの偽善以外にそれを守ることができるのか。まさに偽善とはかかるキリスト教教義による必然なのだ。幼少時からの教育でかかる〈非人間的な掟〉を強制

される立場を考えて見れば当然面従腹背しかありえないのだ。だからミッション・スクールには偽善と口先だけの綺麗事がはびこるのである。

　恐ろしい世界だと、僕は断言できる。キリスト教信者ほど、うわべだけは繕いの見事さ、しかし口先の裏腹の氷のような心の冷酷さだ。彼らは表面・体裁しか眼中にないのだ。教育の恐ろしさはかかる宗教教育である。欧米のキリスト教文化を理解するために、客観的キリスト教とはなんぞやと教えることは大歓迎だが、免税措置を受けているミッション・スクールが日本文化を置き去りにして、勝手な神を拝める、野放題の宗教を、なぜ日本政府は憲法のもと政教分離を徹底させないのか？

　憲法は勝手に信仰するのはどうぞ、しかし宗教が義務教育下の学校教育に闖入することは禁じているはずである。表面だけを綺麗事で収める偽善者アンファン・テリーブル（恐るべき子供たち）を製造しているのはミッション・スクールなのだ！

　もっとも大切なのは本質に迫る議論をした上で、自分としてはこう考えるというディベートの訓練を行った上での価値判断なのであり、〈臭いものには蓋〉をし、聖書にある絵空事が掟だと真顔で信じるふりをする二重人格人間を育てるキリスト教の恐ろしさは、まさに羊集団がリンチ・テロ集団に変わる危険性を持っており、これは 2000 年のキリスト教の十字軍を始めとする残虐史を見ても歴然としている。

「神がいなければ、すべては許される」

　いわゆる〈大審問官論争〉と呼ばれるドストエフスキー『カラマーゾフの兄弟』にある有名なイワンの言葉である。：
　「（もし永遠の神がないなら）すべては許される。」

「(自分こそが神だという己れの立場を自覚し人神という新しい地位につけば) すべては許される。」

(以上、『カラマーゾフの兄弟』のイワンの言葉。)

「もし永遠の神がないなら、いかなる善行も存在しないし、それにそんなものはまったく必要でない。」

「だが、そうすると、人間はいったいどうなるんだね？神も来世もないとしたらさ？そうしてみると、人間は何をしてもかまわない、ってことになるんだね？」

(『カラマーゾフの兄弟』の、ドミートリイがアリョーシャに語る、ドミートリイが過去にラキーチンに向けて尋ねた言葉。)

　僕はそうは思わない。所詮、神は人間が作った偶像だ。だから全てに生身の人間の感情や思考が神に反映されているだけのことである。すなわち人類、世界に住んでいる人間社会の群れの中でその部族の歴史や環境に沿った〈慣習〉的考えが、その社会の規律や道徳を人間の知恵で生み出しているものであって、キリスト教が神の言葉のごとくいうものは単にユダヤ民族の集落の歴史のローカル性に富んだ知恵に過ぎないというだけのことである。日本には日本の伝統的道徳・規律があるのだ。

　突き詰めれば、イワンが言っているのはキリスト教の神などいなくてもイワン自身を神と考えれば自分の神として許されるということだと言っているに過ぎないのである。まさに真っ当な発言であり、それ自体自己責任で自力本願な〈自分に内在する神〉という虚構によりキリスト教の神たる虚構と対峙すると宣言した無神論なのであり、誠に真っ当な間違いのない考え方だ。

　キリスト教のユダヤ的思想はその神の子であるイエスが人間界のあらゆる罪を背負ってマゾヒスティックに十字架にて悶え苦しむ姿、つまり〈人間のあらゆる罪〉をイエスが、贖罪として人間

のために、その罪から解放するために自分を痛めつけるという構図を作り上げたのだ。それが〈神の赦し〉と言い、全てを赦して人間に勝利する神の姿を演じる（赦すことがまさに勝利者の必然的勝利なのだ）、まさにずる賢い思考がキリスト教の赦しなのである。

　僕に言わすれば、まさにこの無限大の寛容さぶったものが、人間界の悪徳と罪悪特に具体的な悪質な刑事犯や経済犯さらに姦通罪や性犯罪を助長し、その罪悪を繁殖させるのは、安易に何をやっても神が赦してくれるからとの免罪符となっているからなのだ。犯罪を助長しているのはまさにこのパラドックスだ。

　不倫王国のイタリアの男女が日曜日に教会に出かけ、告白にて教会の坊主に〈二度と不倫をしませんからお赦しのほどを〉と言い〈あなたの正直な告白が素晴らしい。必ずや神はお赦しになるでしょう。今後しないように〉と説教され、安心したと早速翌日の月曜日から不倫を再開する、この不倫のスパイラルを作ったのはあなた方キリスト教の神のトリックなのだ。

　神の不在がいかに恐ろしい混沌をもたらすのではなく、キリスト教の安易な赦しの思想が罪多き人間をリラックスさせ、罪の悪のスパイラルを生み出しているのだ。あのキリスト教の坊主が、やたら刑務所や少年院やらの懲罰場所に行って、彼らの更生を演出しているのではなく、安易に彼らの犯罪のモティベーションに勤めているのではないかと疑ってしまうのだ。

第3章

教会は伏魔殿（論理も科学も皆無）

これが倫理か?　　その1「不正の管理人」の喩え

ルカによる福音書16章1〜8節（新共同訳）

「16:01 イエスは、弟子たちにも次のように言われた。「ある金持ちに一人の管理人がいた。この男が主人の財産を無駄使いしていると、告げ口をする者があった。16:02 そこで、主人は彼を呼びつけて言った。『お前について聞いていることがあるが、どうなのか。会計の報告を出しなさい。もう管理を任せておくわけにはいかない。』16:03 管理人は考えた。『どうしようか。主人はわたしから管理の仕事を取り上げようとしている。土を掘る力もないし、物乞いをするのも恥ずかしい。16:04 そうだ。こうしよう。管理の仕事をやめさせられても、自分を家に迎えてくれるような者たちを作ればいいのだ。』16:05 そこで、管理人は主人に借りのある者を一人一人呼んで、まず最初の人に、『わたしの主人にいくら借りがあるのか』と言った。16:06『油百バトス』と言うと、管理人は言った。『これがあなたの証文だ。急いで、腰を掛けて、五十バトスと書き直しなさい。』16:07 また別の人には、『あなたは、いくら借りがあるのか』と言った。『小麦百コロス』と言うと、管理人は言った。『これがあなたの証文だ。八十コロスと書き直しなさい。』16:08 主人は、この不正な管理人の抜け目のないやり方をほめた。この世の子らは、自分の仲間に対して、光の子らよりも賢くふるまっている。」

　まさにキリスト教の偽善というかユダヤ人だけを相手にしている特殊宗教である本質からか、いくらあとで普遍性のある民族宗教ではない宗教であると言い訳しようと、そうではないということが顕著に表れた〈頭隠して尻隠さず〉の典型であろう。民族宗教だからこそ、旅の恥はかき捨て、だから人類宗教ではないから

このようなとんでもない不正にも破廉恥にも正義があると言うのだ。

　現にこの条項にコンプレックスを持つ聖職者たちはありとあらゆる勝手な言い訳をするが、どれ一つとして様になっていないことを断言する。〈君たちがなんと言い訳しようと、この管理人は業務上横領罪〉であり有罪だ。まさにユダヤ社会での自分らの都合の良いように、寛容な主人とかで誤魔化しているに過ぎない。

　例えばこんな言い訳が社会に通用しますか？〈人間は誰もが長所と短所を持っている。この管理人の長所は賢さで短所は不正直なところだ〉　そんなことを言ったら論理一貫など一切ない聖書、神が書いた聖書などお笑いだ！

これが倫理か？　その2「葡萄園の労働者」の喩え

　マタイ福音書に下記がある。
「20:01「天の国は次のようにたとえられる。ある家の主人が、ぶどう園で働く労働者を雇うために、夜明けに出かけて行った。

20:02 主人は、一日につき一デナリオンの約束で、労働者をぶど
う園に送った。 20:03 また、九時ごろ行ってみると、何もしない
で広場に立っている人々がいたので、20:04『あなたたちもぶど
う園に行きなさい。ふさわしい賃金を払ってやろう』と言った。
20:05 それで、その人たちは出かけて行った。主人は、十二時ご
ろと三時ごろにまた出て行き、同じようにした。 20:06 五時ごろ
にも行ってみると、ほかの人々が立っていたので、『なぜ、何も
しないで一日中ここに立っているのか』と尋ねると、20:07 彼ら
は、『だれも雇ってくれないのです』と言った。主人は彼らに、
『あなたたちもぶどう園に行きなさい』と言った。 20:08 夕方に
なって、ぶどう園の主人は監督に、『労働者たちを呼んで、最後
に来た者から始めて、最初に来た者まで順に賃金を払ってやりな
さい』と言った。 20:09 そこで、五時ごろに雇われた人たちが来
て、一デナリオンずつ受け取った。 20:10 最初に雇われた人たち
が来て、もっと多くもらえるだろうと思っていた。しかし、彼ら
も一デナリオンずつであった。 20:11 それで、受け取ると、主人
に不平を言った。 20:12『最後に来たこの連中は、一時間しか働
きませんでした。まる一日、暑い中を辛抱して働いたわたしたち
と、この連中とを同じ扱いにするとは。』20:13 主人はその一人に
答えた。『友よ、あなたに不当なことはしていない。あなたはわ
たしと一デナリオンの約束をしたではないか。 20:14 自分の分を
受け取って帰りなさい。わたしはこの最後の者にも、あなたと同
じように支払ってやりたいのだ。 20:15 自分のものを自分のした
いようにしては、いけないか。それとも、わたしの気前のよさを
ねたむのか。』20:16 このように、後にいる者が先になり、先にい
る者が後になる。」

　このエピソードの理不尽に対して、キリスト教の先生でこう反
論するのである。

「葡萄園の労働者」の喩え

　最後に雇われた人にしてみれば、神からの報いは、ほとんどただで貰ったようなものだ。神からの報いとは、人間の働き、善い行いに対する報酬、見返りとして得られるものではなくて、ただ神の恵みと憐れみの御心によって与えられるものだ。そのことを示すために、神は、《後にいる者が先になり、先にいる者が後になる》ようにするのである。

　このたとえ話で、賃金が支払われる時に、最後に雇われた者に対して最初に、最初に雇われた者に対して最後に支払うように命じたというのは、それによって、この一デナリオンが労働の対価としての報酬とは違うものだ、ということを表しているのだ。

　この主人が、つまり神が、夜明けにだけでなく、九時にも、遅れてこようと何時になってもなお、人々を雇い入れているのは、仕事にあぶれ、その日の賃金を得ることができない人々に、生きていくのに必要な１デナリオンを与えてやりたいという恵みの

み心からなのだという。働きがなくても、清さ正しさにおいて不公平であっても、そういう人にも、救いを、永遠の命を与えてやりたいという憐れみの御心から、この主人、つまり神は何度も何度も人々のところへ行き、招いているというのだ。その御心は、不平を言った人々への主人の答えの中にはっきりと語られているという。

　全くこんなことが赦されたら世の中は成り立たない。まさに現実も分からずに馬鹿な話を述べ、こんなことで真面目な人間の勤労意欲を失くさせ、怠け者を作る、まさに社会的害毒の条項なのだ。

　まさにこの思想こそ共産主義という綺麗事と根を同じくする、最低の不公平な逆差別の社会像なのだ。

これが倫理か？　その3「放蕩息子」の喩え

　ルカ書にある、

「15:11 また、イエスは言われた。「ある人に息子が二人いた。15:12 弟の方が父親に、『お父さん、わたしが頂くことになっている財産の分け前をください』と言った。それで、父親は財産を二人に分けてやった。15:13 何日もたたないうちに、下の息子は全部を金に換えて、遠い国に旅立ち、そこで放蕩の限りを尽くして、財産を無駄使いしてしまった。15:14 何もかも使い果たしたとき、その地方にひどい飢饉が起こって、彼は食べるにも困り始めた。15:15 それで、その地方に住むある人のところに身を寄せたところ、その人は彼を畑にやって豚の世話をさせた。15:16 彼は豚の食べるいなご豆を食べてでも腹を満たしたかったが、食べ物をくれる人はだれもいなかった。15:17 そこで、彼は我に返っ

84

レンブラント作 「放蕩息子」の喩え

て言った。『父のところでは、あんなに大勢の雇い人に、有り余るほどパンがあるのに、わたしはここで飢え死にしそうだ。 15:18 ここをたち、父のところに行って言おう。「お父さん、わたしは天に対しても、またお父さんに対しても罪を犯しました。 15:19 もう息子と呼ばれる資格はありません。雇い人の一人にしてください」と。』15:20 そして、彼はそこをたち、父親のもとに行った。ところが、まだ遠く離れていたのに、父親は息子を見つけて、憐れに思い、走り寄って首を抱き、接吻した。 15:21 息子は言った。『お父さん、わたしは天に対しても、またお父さんに対しても罪を犯しました。もう息子と呼ばれる資格はありません。』15:22 しかし、父親は僕たちに言った。『急いでいちばん良い服を持って来て、この子に着せ、手に指輪をはめてやり、足に履物を履かせなさい。 15:23 それから、肥えた子牛を連れて来て屠りなさい。食べて祝おう。 15:24 この息子は、死んでいたのに生き返り、いなくなっていたのに見つかったからだ。』そして、祝宴を始めた。 15:25 ところで、兄の方は畑にいたが、家の近くに来ると、音楽や踊りのざわめきが聞こえてきた。 15:26 そこで、僕の一人を呼んで、これはいったい何事かと尋ねた。 15:27 僕は言った。『弟さんが帰って来られました。無事な姿で迎えたというので、お父上が肥えた子牛を屠られたのです。』

15:28 兄は怒って家に入ろうとはせず、父親が出て来てなだめた。 15:29 しかし、兄は父親に言った。『このとおり、わたしは何年もお父さんに仕えています。言いつけに背いたことは一度もありません。それなのに、わたしが友達と宴会をするために、子山羊一匹すらくれなかったではありませんか。 15:30 ところが、あなたのあの息子が、娼婦どもと一緒にあなたの身上を食いつぶして帰って来ると、肥えた子牛を屠っておやりになる。』15:31 すると、父親は言った。『子よ、お前はいつもわたしと一緒にいる。わたしのものは全部お前のものだ。』」

　一生懸命、親孝行に徹して家業を手伝っている長男の怒りは良く理解できる。次男は放蕩息子でやりたい放題、女性関係もめちゃくちゃ、前取りした遺産を全部食い潰した挙句破廉恥にも〈甘えの構造〉にて父親のもとに戻ってきた。父親はそれでも迎え入れ歓迎する。

　もちろん子供がどんなにデタラメしても許す親の気持ちは分かるが、この甘えの構造、つまり〈受け入れるが、その代わり徹底的にゼロから働いて一切の財政的援助をしない〉との通告をした上で2度目のチャンスを与えると言うのなら分かるが、このエピソードの親はあまりにも甘い。必ずこの次男は同じことをする。最低の教育である。キリスト教の〈偽善と甘え〉の構造の典型だ。

これが倫理か？　その4「マルタとマリア」

　ルカ書にある、

「10:38 一行が歩いて行くうち、イエスはある村にお入りになった。すると、マルタという女が、イエスを家に迎え入れた。

10:39 彼女にはマリアという姉妹がいた。マリアは主の足もとに
座って、その話に聞き入っていた。 10:40 マルタは、いろいろの
もてなしのためせわしく立ち働いていたが、そばに近寄って言っ
た。「主よ、わたしの姉妹はわたしだけにもてなしをさせていま
すが、何ともお思いになりませんか。手伝ってくれるようにおっ
しゃってください。」10:41 主はお答えになった。「マルタ、マル
タ、あなたは多くのことに思い悩み、心を乱している。 10:42 し
かし、必要なことはただ一つだけである。マリアは良い方を選ん
だ。それを取り上げてはならない。」

　二人の姉妹マルタとマリアがイエスをもてなす場面だ。常識か
ら考え姉は一生懸命のもてなしでパニック状況になっているのに、
妹のマリアはイエスの話に聞き入っている。こういう風景はよく
お客を招いて忙しい時に、家族員の一人が手伝いすることもなく
お客と駄弁っている。かたや真面目な家族員はもてなしに悩み、
そしてどうするか焦っている。駄弁っている家族が憎たらしくな
ってくる場面だ。常識的にはマルタの気持ちはよく理解できる。
イエスが言いたいことは何か？
　僕はこのエピソード非常に分かりにくい、マルタの怒りに同情
したいと言える。あるいは<u>マルタよりマリアの方が魅力的女性だ
からイエスがこう言った</u>というのならよく分かる。
　これについて現法王は下記の通り言うのだ。（2019.7.21 Vati-
canNews Francesca Merlo）

　マリアのふるまいの重要性について、「私たちが彼の言葉を実
際に聴く時、主は私たちを驚かせます——雲は消え、疑いは真実
に、恐れは平静に取って代わります…」と語られ、常に主のため
の場所を開けておくことの重要性を強調された。「主の言葉を聴

くことは、人生で与えられた任務を私たちがしっかりと果たす助けになるのです」と。

　マルタは、特別のお客さまに全てにおいて完全なもてなしをしようと一所懸命に働いているうちに、まったく手伝おうとしない妹にいら立ちを覚えるようになる。そのことを知ったイエスは、彼女に「マルタ、マルタ、あなたはいろいろなことに気を遣い、思い煩っている」（41節）と話しかけられた。

　イエスのこのような話され方について、「イエスは彼女の客をもてなそうとする態度を非難しようとしたわけではありません。私たちも時に経験する懸念を示されたのです」とされ、「私たちはマルタと同じ思いを持ちます……私たちの共同体に歓迎の気持ちがあることをしっかりと示し、特に小さな子供たちと貧しい人々がくつろいだ気分になるために、彼女を模範とします」と語られた。

　そして、イエスの姉妹の家への訪問は「『心の知恵は、瞑想と行動という二つの要素を結び付ける方法を知ることにある』ことを、私たちに思い起こさせます」として、「イエスは、マルタとマリアが『喜びをもって人生を送る』ために、二人の振る舞いが共になされねばならない、ということを私たちに示している、と説かれたのです。私たちは、イエスが家を訪問されたとき、もてなしの用意する一方で、彼の言葉を聞かねばなりません。イエスは、私たちに、すべての事に対する秘密を明らかにされるのですから」と強調された。

　最後に聖母マリアへの祈りで説教を締めくくった。「神と私たちの兄弟姉妹を、マルタの手とマリアの心をもって、愛し、もてなす恵みを、私たちにお与えください。キリストの言葉をいつも聴くことで、私たちが平和と希望の"職人"となることができるために」。

　馬鹿馬鹿しいこのルカ書に対する、常識反応に対して、御託を並べる現法王のこじつけ議論は滑稽でしかない。

これが倫理か？　その5「見失った羊」の喩え

　ルカ 15・01 から 7

「15:01 徴税人や罪人が皆、話を聞こうとしてイエスに近寄って来た。 15:02 すると、ファリサイ派の人々や律法学者たちは、「この人は罪人たちを迎えて、食事まで一緒にしている」と不平を言いだした。 15:03 そこで、イエスは次のたとえを話された。15:04「あなたがたの中に、百匹の羊を持っている人がいて、その一匹を見失ったとすれば、九十九匹を野原に残して、見失った一匹を見つけ出すまで捜し回らないだろうか。 15:05 そして、見つけたら、喜んでその羊を担いで、15:06 家に帰り、友達や近所の人々を呼び集めて、『見失った羊を見つけたので、一緒に喜んでください』と言うであろう。 15:07 言っておくが、このように、悔い改める一人の罪人については、悔い改める必要のない九十九人の正しい人についてよりも大きな喜びが天にある。」

　キリスト教はこう述べる。百匹の羊をかっている羊飼いはキリストを表し、見失った一匹の羊は罪人をたとえている。九十九匹を野原に残すという危険を冒してでも良い羊飼いは見失った一匹の羊を探し出そうとする。イエスは羊飼いにとっての見失った羊、すなわち神にとっての罪人たちはそれ程大切なのだと説いている。

　このたとえは、イエスが徴税人や罪人を招き食事をしていることをファリサイ派の人たちが咎めたことに対する、イエスの反論から始まっている。マタイの福音書（18:10）ではイエスは弟子たちに向かって、「これらの小さな者が一人でも滅びることは、あなたがたの天の父の御心ではない」と厳しく諭している。

　アメリカ軍の映画などを見ていると、見失った味方一人であろうとみんなで助けに行く。戦死はまさに国家に命を捧げるのだから、戦略上不利になっても助けに行く、まさにアメリカ映画『プライベート・ライアン』の世界だ。一方で全員を助けるために味方や国民を犠牲にすることもある。チャーチルがコベントリーのドイツ軍の爆撃を、前もって知っていたのに、ドイツのエニグマ暗号解読がバレるので黙殺したケースもある。キリスト教のこの一匹の羊のエピソードは随分巧妙に罪びとを神様が捨てないことに切り替えているのだ。偽善の極致だと言える。

「循環論法」が跳梁跋扈する世界〜なんの論証もない世界

　僕のように自然科学万能の科学者の家庭で育ったもの、しかも理工学部、経済学部（マル経ではない近代経済学）を若い頃学び、かつ商社にて統計や確率論を実践してきたものにとって、神学部（修士課程）にて驚いたのが、カトリックだからかもしれないが、神学部上がりの神父教授、哲学研究の東大教授などが、アリストテレス、トマス神学などわけのわからない論理を振り回してケムに巻いているが、実態は単なる循環論法に過ぎないことに自分自身が気がついていない能天気ぶりとはこのことだ。

　神学がいかにも難しそうにさせているのはまさにこの世界の歪な聖職者が信者の反論を押さえつけるために護教論として小賢しさが身についてきたからだと思う。ひどいのはエキュメニズム（狭義のキリスト教派の世界統一から広義の全宗教の世界統一のための共通点の相互理解、まさにナチス共謀の懺悔の下の迎合主義の第二バチカン会議の延長だ）の授業でバチカンの日本人神学で世界的な某教授が下記の通り言って憚らないのだ。

　「いろんな宗教は世界にあるが、最終的にキリスト教が中心とな

ったものに必然的になる。なぜならイエス・キリストが世界をお救いになられたからだ。」

僕は驚いた。この説法が真面目にまかり通ることを！イエスが世界をお救いになったって君たちだけの仲間でそう言っているだけの話でそんなものは無宗教その他宗教には一切通用しない、つまり事実でもない出来事なのに、これが真実の前提になっている。いわば論証せねばならない救いが、論証の根拠になるまさに不完全でお馬鹿な近代科学からして 100 点満点の 0 点の答案を大教授が真顔で言っているのだから驚きだ。

循環論法を簡単に説明しよう。「A なのは B だからだ。B なのは A だからだ」というものだ。

X 氏：　「この企画については、彼女に任せるのが一番成功するだろうね」

Y 氏：　「彼女か。意外な気がするね」

X 氏：　「全然意外じゃないよ」

Y 氏：　「どうして彼女を推薦するんだい？」

X 氏：　「まあ、一言で言えば、彼女は僕が見込んだ人間だからさ」

Y 氏：　「ふーん。じゃあ、彼女のどこを見込んだの？」

X 氏：　「説明は難しいけど、かいつまんで言えば、どんな企画でも成功させそうなところだよ」

Y 氏：　「えっ？」

X 氏：　「今回の企画も彼女なら成功させるだろうね」

この老教授のバカバカしさを別の例で言うと、この一例と似ているということで、実際何も論理展開ができていないことだ。

全て神学がさっぱり分からないのは、循環論法によるペテンと

もいえる誤魔化しだからなのだ。滑稽なキリスト教の連中は下記みたいなまるでお馬鹿の議論を教授以下真顔でやっているから堪らない。

　神の存在について
〈神は存在するのだ〉
〈どうしてそう断言できるのだ？〉
〈ちゃんと聖書に書いてあるじゃないか！〉
〈どうして聖書に書いてあることが真実と言えるのか？〉
〈なぜなら聖書は神の言葉を書いているからだ〉（その言葉を記した神が存在する）

　証明せねばならない命題が、結果的に前提となっている、こんなものは証明でもなんでもない。ペテンの循環論法に過ぎないことは小学生でも分かる話である。全て強引にこの説法で聖職者は信者を騙すが、信者の頭脳も〈神父さまあ！〉と何も考えずに受け入れる恐ろしい〈暗黒の世界〉である。

　2000年その循環論法こそが残酷の限りの異端狩り魔女狩りを正当付けたのだから恐ろしい。共産主義の恐ろしさと根っこは同じまさに近親憎悪の世界がキリスト教と共産主義と言える。循環論法による〈理想の押し付け〉まさにジョージ・オウエルの『動物農場』の世界である。

聖書予型論的解釈（typologica）

　こういう子供騙しがキリスト教ってなんや？と最初から近代人に生理的軽蔑を持たせてしまっている。旧約聖書と新約聖書は時空が明らかに違う世界だ。神の世界だからそれは同じだと詭弁を使う人間もいるだろうが、議論する意味もない。

　つまりキリスト教はユダヤ教と異なりイエス・キリストをメシアとして具現した。知らない人のためにユダヤ教にはメシアはまだ未実現だ。メシアはまだだ、いやメシアはすでに現れている、こんな議論に夥しい数のユダヤ教徒とキリスト教徒が血眼の殺し合いをしてきたのだから滑稽というか人間のバカさ加減、宗教の偽善の衣に隠れたバカさ加減を知るというものだ。

　実はキリスト教徒は旧約聖書の中に、イエス・キリストの登場の予型を見るのだ。その他旧約聖書の中に、その具現化として新約聖書での実現を誇らしげに語るのが、こんなくだらないことを研究している聖書学者の〈辻褄あわせゴッコ〉だから空いた口が塞がらない。そして信者も〈アーメン〉その〈具現化〉をありがたがっているのだ。

・・・・・・・・・・・・・・・・

　もう少し学問的に予型を wikipedia から読むと、予型（よけいギリシア語：$\tau \dot{\upsilon} \pi o \varsigma$, ラテン語：Typus, 英語：Type）は、聖書の解釈法のひとつである予型論的解釈で用いられる概念。旧約聖書における数々の事象（主な例：青銅の蛇）が、新約聖書におけるイエス・キリストおよび教会の予型（予兆・前兆）として記述されていると考える。正教会では預象・予象（いずれも読みは「よしょう」）との語彙が用いられる。アレゴリー（寓意・比喩）とは異なる概念として扱われることが多い。

　予型論的解釈（よけいろんてきかいしゃく、英語：Typological interpretation、ドイツ語：Typologische Interpretation）は、ユダヤ教、キリスト教において古くから一般的に行われている聖書解釈法の一つ。旧約のうちに、新約、特に救世主イエス・キリストおよび教会に対する予型を見出す解釈法である。例えばイエス・キリストは、青銅の蛇を贖罪、大魚に呑まれたヨナを復活の予型としたと理解される（ヨハネ福音書3章14節、マタイ福音書12章40

節）。

・・・・・・・・・・・・・・・・

　最もキリスト教のお好きなのはイザヤ書の下記場面だ：
「53:03 彼は軽蔑され、人々に見捨てられ
　多くの痛みを負い、病を知っている。彼はわたしたちに顔を隠し
　わたしたちは彼を軽蔑し、無視していた。
　53:04 彼が担ったのはわたしたちの病
　彼が負ったのはわたしたちの痛みであったのに
　わたしたちは思っていた
　神の手にかかり、打たれたから
　彼は苦しんでいるのだ、と。
　53:05 彼が刺し貫かれたのは
　わたしたちの背きのためであり
　彼が打ち砕かれたのは
　わたしたちの咎のためであった。彼の受けた懲らしめによって
　わたしたちに平和が与えられ
　彼の受けた傷によって、わたしたちはいやされた。
　53:06 わたしたちは羊の群れ
　道を誤り、それぞれの方角に向かって行った。そのわたしたちの罪をすべて
　主は彼に負わせられた。
　53:07 苦役を課せられて、かがみ込み
　彼は口を開かなかった。屠り場に引かれる小羊のように
　毛を切る者の前に物を言わない羊のように
　彼は口を開かなかった。
　53:08 捕らえられ、裁きを受けて、彼は命を取られた。彼の時代の誰が思い巡らしたであろうか

わたしの民の背きのゆえに、彼が神の手にかかり
命ある者の地から断たれたことを。
53:09 彼は不法を働かず
その口に偽りもなかったのに
その墓は神に逆らう者と共にされ
富める者と共に葬られた。
53:10 病に苦しむこの人を打ち砕こうと主は望まれ
彼は自らを償いの献げ物とした。彼は、子孫が末永く続くのを見る。主の望まれることは
彼の手によって成し遂げられる。
53:11 彼は自らの苦しみの実りを見
それを知って満足する。わたしの僕は、多くの人が正しい者とされるために
彼らの罪を自ら負った」

・・・・・・・・・・・・・・・・・

「ほらね！まるでイエスの到来をこのイザヤさんはちゃんと予告しているのよ！」と言いたいのだろう。「キリスト教ってやっぱり神様だあ！」とはしゃいでいて、こんなバカな話があるかと一切疑わないのがこの能天気なキリスト教徒さんたちである。これをもとに新約聖書を悪知恵ででっち上げたのは誰だ！？と疑う知性などこれぽっちもないわけだ。

ついでに同じくイザヤ書に〈処女懐胎のマリアがイエスを生む概念〉の予型インマヌエルが登場するという。パチパチパチ　拍手！

・・・・・・・・・・・・・・・・・

07:14 それゆえ、わたしの主が御自ら
あなたたちにしるしを与えられる。見よ、おとめが身ごもって、男の子を産み

その名をインマヌエルと呼ぶ。

さらに：

08:08 ユダにみなぎり、首に達し、溢れ、押し流す。その広げた翼は

インマヌエルよ、あなたの国土を覆い尽くす。」

・・・・・・・・・・・・・・・・・・・・・

みなさんこういうアホみたいなででっち上げを見ると、世界を100年以上人類の敵として人間界に害悪を与えている共産主義とキリスト教ってそっくりだと思うのは僕だけではないだろう！

〈神が存在しないことを証明せよ〉だと？　証明すべきは君達だろうが！

60歳半ばごろ僕はキリスト教を勉強しようとして上智大学神学部履修生で1年、同大学院前期博士課程（修士過程）入学試験に合格してその後2年、そして修士号取得してパリ・カトリック大学院に遊学した。上智大学で〈キリスト教の科学〉なる大学でのゼミ形式の授業を受けた時のことである。

神が存在するか立証してもらいたい、との素朴な僕の問いに、当時の教授（神父でもある）は声を荒げて〈そう言うなら、君は神が存在しない理由を明らかにせよ〉と開き直ったものだ。まさに居丈高、最初から神が存在するありきの議論でまさに循環論法の罠に落ちていてそれに気がつかない劣化した知性だと思ったものだ。

問題は神の存在など現代の我々のレベルには、科学や論理学の発展と自然の中の不可解な現象などが解明されている中で、超越的なものなど、信じてしまう方が、まさにオウム事件の狂信的信者といささかも変わらない。キリスト教という2000年の歴史の中で100歩譲ってそれを、その歴史の重みを配慮して、偽善と

欺瞞に満ちた〈宗教〉など綺麗事の範疇に入るとしても、神など人間の知恵を総合してもありえない局面に対して、キリスト教や神学者たちは、自分たちの証明の杜撰さを理解しているのか、していないのか、無神論者に向かって開き直り、いつも吐く言葉は〈だったら神が存在しない理由を明らかにせよ〉と居丈高に反論するのだ。

　その点バートランド・ラッセル（1872 年 - 1970 年）は、イギリスの哲学者、論理学者、数学者である。彼は無神論者であった。彼はその著『Is There a God?』において下記の通り述べ、僕たちに分かりやすい形で説明してくれている。

〈ドグマ（神の存在を主張するもの）が証明するのでなく、懐疑を持つものが証明すべきだというのは間違いだ。例えば地球と火星の間に陶器製のティーポットが太陽の周りを回っている（太陽系）と私が議論しようとした場合、誰もがこれを証明できないだろう。なぜならティーポットは小さすぎて、いかなる強力な望遠鏡でも見えないからだ。もし私があなた方が証明できないのなら、それを疑うことはおかしいと言ったら、それはとてつもない傲慢さになるでしょう。〉

　まさに神が存在すると述べているのは、このティーポットが太陽系を回っていると主張することと同じであるということだ。つまり蓋然性からして、そんなものは存在しないというのが当たり前の話であって、それが違うというなら立証責任は存在すると主張する側が責任を持つべきだということである。

　古代から数々の論理学の進歩そして科学の飛躍的な進歩、その中で蓋然性は、ますます〈神が存在しない〉ということであり、ティーポットどころではなく、サイコロが太陽系を回っているという破天荒な仮説と〈神が存在する〉とは同じレベルのありえない可能性となっているのだ。

とにかく蓋然性から考えて、立証責任は〈神が存在する〉と主張する者にあり、どこかの神学部の教授のように〈神が存在しない〉ことを立証するのを無神論者に投げかけるのは笑止千万なのだ！

何についても、あるものや事柄が存在しないということを、ティーポットの例のように決定的な形で証明することは不可能である。神の不存在を証明できなくても、それで十分なのだ。問題は〈神が存在しない〉ではなく〈神が存在することがありえるのか〉という蓋然性の問題なのだ。

ある反証不能な事柄は、他の反証不能な事柄よりも、はるかにありえないと分別で判断される。蓋然性のスペクトラムに沿って考える原理からなぜ神だけを除外することができるのか、全く理由はない。さらに神を証明することもできない、かつ反証することもできないという理由だけで、神が存在する蓋然性がありうるということにはならないのである。

このラッセル説にキリスト教会は必死で揚げ足というが、その反論たるや、〈神ありき〉の議論の域をまったく出ていないお粗末なものを展開した。僕の知る限りではこのバートランド・ラッセルの主張が最も適切だと考える。特に立証責任の所在は有神論に当然あるべきなのだ。

古代から人間にとって不可解な自然現象がなぜ起こるのかという問題、つまり認識のギャップ問題は現代に至って科学で証明されている、またそれは証明尽くされることになるだろう。そのギャップは限りなく無くなっているのである。

その事態も踏まえず、キリスト教界が未だにケリュグマ信仰を信者に押し付け、さらには聖者の選定に奇跡を起こしたか否かを決定材料にするという、古代の人間の認識ギャップと同じ、舟に刻むという体質が未だに行われているアナクロニズムには驚く次

バートランド・ラッセルの Tea Pot 論

第である。奇跡など起こそうと思って起こせるものではない。不思議なことが起こってもそれは確率論の範囲内での話であり、人間が確率論を自由自在に、例えば〈祈り〉によって起こせるなど、まさにオカルトの世界以外何ものでもないのだ！

　宗教に毒される人々のメンタリティには、実存主義的人間の生き方を捨てて、がむしゃらに超越的なものに走る、それは宗教だけでなく、ヒトラーやスターリン、何か力強いものが、自分のエゴを満たしてくれるという浅はかなマゾヒズム的な深層心理がある。まさにイエスではなく宗教組織としてキリスト教がつけ込んだのはそこであり、2000 年に及んでも未だ信者がいるということが摩訶不思議でならない。それがアフリカや南米の未開発国であればギャップ理論からかかる反知性・反科学性が未だに通用することは分からないでもない。

　知性あふれる現代科学者は〈ギャップ〉を積極的嬉々として研究の課題として、熱意と知性を働かしてその〈ギャップ〉を埋めていく。一方キリスト教者は一生懸命〈ギャップ〉を拾いながら、だから神が存在すると我田引水に引き込む反知性的態度をとるのだ。まさに〈インテリジェンス・デザイン〉とオールマイティのように神の御業と片付けるのがキリスト教界の態度である今昔変わらない。

　しかしながらアメリカという国家に未だ原理主義的なキリスト

教が存在し、極端な宗団は、その原理主義に基づき、堕胎医への
テロやダーウイン理論禁止を叫ぶ学校があるというから驚きだ。
イエスの考えがいかに偉大であろうと、それを引き継いだ集団組
織の恐ろしさは、というよりは宗教の不気味さは、今世界を恐怖
に陥れているヤーヴェを神と抱く他の宗教原理主義と目くそ鼻糞
の世界なのだ！

第4章

何のため、誰のための教会の集まり？

～聖職者のため？　信者の空虚な他力本願？～

「教会外に救いなし」(Extra Ecclesiam nulla salus)

　奴隷宗教たるキリスト教は元々ユダヤ人奴隷に希望を持たせた
〈約束の地〉の裏返しのエリート意識と排外主義を源とする旧約
聖書を基とする。まさにユダヤ教イスラム教とともに同じ神を崇
める三大宗教の一つであることを知らない人がいるので敢えてこ
こに書く。

　元々この一神教たる排他主義は唯我独尊の同じ神を崇拝するも
ののみが救われるという、〈救い〉の特権性があるのだ。したが
って第二次世界大戦でナチスドイツと結託しユダヤ人抹殺に少な
からぬ共謀性があるカトリックがその贖罪意識から第二バチカン
会議たるものを唱和したのも、その罪の意識と世の流れへの迎合
性があることは間違いない。この会議での〈迎合性〉のテーマは
種々あるが、古くからのそのキリスト教の本質からして当然であ
る。

　「教会外に救いなし」(Extra Ecclesiam nulla salus)と言われてき
たもの、世の中に迎合するかのように、あるいは商業主義に徹す
る末路にも見えるように、この本来の言葉そのものを、あたかも
イエスの趣旨であるかのように、これを古代からの解釈に姑息な
アリバイを作りながらでっち上げたのが、そのピオ 12 世法王の
頃より肯定的に解釈されてきたこの問題である。まさに偽善と欺
瞞の捏造こそがこのカトリックの歴史にあると言ってよい。

　アルフレッド・フィルマン・ロワジー（Alfred Firmin Loisy,
1857 年 2 月 28 日 - 1940 年 6 月 1 日）という、フランスの神学
者は 1879 年にカトリック教会の司祭に叙階され、1889 年から
母校のパリ・カトリック学院 (L'Institut catholique de Paris=ICP) で
聖書の教授を務めた。

　僕が上智で神学修士号を取った後、一年間遊学したのが奇しく

もカトリックの名門 ICP だ。その聖書研究によってカトリック教会における近代主義を代表する一人として知られるが、彼が主張しカトリック界を震撼させたのはその著『福音と教会』における「イエスは神の国を予告したが、到来したのは教会であった」があるが、僕は大賛成だ。

カトリックが教会中心の組織の中で 2000 年残虐と唯我独尊の歴史を繰り返し、人類に多大な被害を与えたのは、まさにこの〈教会〉であるからだ。そのままイエスが予告したのは〈神の国〉の当時、今そこにある現象であり、これこそがイエスの福音書のエッセンスと考えれば、教会は醜悪な人間組織として切り離して考えられるからである。

それはまさにイエスの福音書を〈神話〉（ギリシャ神話、古事記などと同じ）として解釈すべきという僕の持論と一致する。その意味でロワジーの論陣は素晴らしいものがあり、いわば聖書をカトリック教会の伝統的解釈によるのではなく、啓蒙期以来発展して来た近代の歴史学的、批判的方法によって研究することを主張した。

この主張のためロワジーは 1893 年に教授を辞めることになり、1902 年に刊行した主著『福音と教会』を含む著書 5 冊が 1903 年に検邪聖省によってカトリック教会で禁書となった。1907 年にローマ法王ピウス 10 世が回勅で近代主義を批判、断罪したが、ロワジーは法王の意向に従わず反論を発表して 1908 年にカトリック教会から破門された英雄でもあるのだ。

内村鑑三

鎌倉文学館長で文芸評論家の富岡幸一郎氏はキリスト者であり、故・西部邁氏を通じて懇意にさせていただいているが、最近彼の

書いた『内村鑑三〜偉大なる罪人の生涯』を読んだ。富岡氏がドイツ留学する前の30歳の頃執筆されたもので、内村氏が世でいう〈無教会派〉でなく〈再臨運動〉派だという目から鱗の書物で大発見をした。そ

左上がカール・バルト、左下はアルフレッド・ロワジー、右は内村鑑三

れはなんと僕が上智時代の愛読書だった同氏の著書『使徒的人間カール・バルト』（講談社 1999 年／講談社文芸文庫 2012 年）の著者でもあり、富岡氏がバルトと内村の関連性を書かれている。

　さて〈現代世界と終末論（4）内村鑑三の再臨信仰　込堂一博〉に拠れば；

　内村鑑三の名著『一日一生』（教文館）には次のように記されている。

「キリストの再臨は世の終局の出来事である。そして万事万物は、すべてことごとくこの喜ぶべき最終の出来事に向かって進みつつあるのである。私たちが日々キリストの再顕を待ち望むのは、それが時々刻々と私たちに迫りつつあることを知っているからである。私たちはすでにキリストのものとなって、全世界の出来事はこぞって私たちを希望の域に向けて進みつつあるのである」

この内村らの再臨運動は、キリスト教界に大きなインパクトを与えたが、内外からさまざまな批判が沸き起こった。特にキリスト教界内部からの激しい批判は、内村の想定外だったかもしれない。批判論文に「聖書にあるからとて、漫然基督の再来説くは迷妄といはざれば、痴人の夢である」とか「再臨は時代的制約による思想だ」等々とある。

このような再臨批判者に対して内村は、1918年8月発行の「聖書乃研究」において「基督再臨問題は、聖書問題である。聖書の神的権威を認めて再臨を否むことは出来ない。・・・余は再臨問題を以ってする前に聖書問題を以って是等の教会と争ふ必要を認めざるを得ない」と記している。

確かに聖書を誤りなき神の言葉と信じなければ、「再臨」の信仰は、まさに信じがたい「たわごと」であり「空想話」にすぎないであろう。内村は、それらの批判を甘受しつつも、人間の批判、攻撃、思惑のすべてを超えたキリストの再臨という宇宙完成の祈りに晩年生き、1930年3月28日に地上の生涯を終えた。

面白いのはロワジーが述べた〈イエスの目指したのは神の国の到来であって、教会ではなかった〉にも通じる発見であったことを申し添える。

第2バチカン公会議

第2バチカン公会議によって確認されることとなった解釈とは、まさに時代に即したように自らの排他主義の歴史を修正して、生きとし生けるものは救われるというストーリーにその排他主義を隠蔽して葬ろうとしたに過ぎないのだが、まさにこれは子供騙しにすぎず、神学を勉強した僕ですら騙すことはできないのだ。公会議に基づいて編まれた新しい要理書『カトリック教会のカテ

キズム』は、上記の命題は肯定形に直して理解すべきであると、次のように説明している。彼らのロジックである。

「教父たちがしばしば繰り返したこの主張を、どのように解釈すべきでしょうか。これを肯定形にすれば、救いはすべて、頭であるキリストからその体である教会を通してくることを意味します」(846)。

　これに次いでカテキズムは次のように公会議を引用する。

「聖なる教会会議は、聖書と聖伝に基づいて、地上を旅するこの教会が救いのために必要であると教える。事実、わたしたちのための唯一人の仲介者であり救いの道であるキリストは、その体である教会の中に生きておられ、信仰と洗礼の必要性をはっきりと教えることによって、わたしたちが洗礼の門を通って入る教会自体の必要性を同時に確認されたのである。したがって、救いに必要なものとして神がキリストによって建てたことを知りながら、カトリック教会に入らず、あるいはそこに留まることを拒む者は、救われることはできないであろう」(教会憲章14)。

　このことを、国際神学委員会が1997年にまとめた「キリスト教と諸宗教」という資料で次のように述べる。「第2バチカン公会議は『教会外に救いなし』という命題を自分のものとした。しかし公会議は、それとともに、それを明確にカトリック信者にあてられたものとし、また、この命題の有効性を、救いには教会が必要であると知っている者のみに限定した。公会議は、この文章の基礎はキリストによって確認された信仰と洗礼の必要性にあると考えている。このようにして、公会議はピオ12世の教えを引き継ぐと同時に、一層の明確さをもって、この命題本来の教訓的性格を浮き彫りにしている(資料58)。

　他方、「教会外に救いなし」という命題を教会の外にいる人々に適用してきた長い歴史に終始符が打たれ、誤解が解かれて、不

可抗的無知によって教会の外に留まっている人々にもキリストによる救いが可能であることがクローズアップされることになった。そこで彼らの〈トリック〉とはこういう言い方でその例外を救いの対象とするのだ。

　まさに僕に言わせれば笑止千万だが、カテキズムは述べる。「上記の（救われないという）主張は、自分の過ちによらずにキリストとその教会を知らない人々には適用されません」(847)。続けて公会議の次の言葉が引用される。「事実、本人の側に落ち度がないままに、キリストの福音とその教会を知らず、しかし、誠実な心で神を探し求め、また良心の命令を通して認められる神の意志を、恩恵の働きのもとに、行動によって実践しようと努めている人々は、救いに達することができる」（教会憲章16）。

　つまりキリスト教たる偉大な宗教を知らずに、世界のどこかで生きている人、もし知らないことに落ち度がなく、知らないが故に洗礼を受けていない、〈誠実に神を心から求めて実践しようと努めている人に限り〉救いが得られるらしい。簡単に言おう、僕のようにキリスト教を知りながら一切それを否定し、かつさらに神の存在など糞食らえと考える人間は救ってやらないと言っているから、事情は何も変わらない。こんな自分たちの世界でしか通じない、稚拙な理屈をこねて叫んでいるこのカトリックの人たちの頭脳構造ってまさに、そこに傲慢と不遜と身勝手とまさに〈誰でも救われる〉と言っていること自体自己欺瞞であることが明白であろう。彼らは続ける。

　教会外にいる人々の救いの可能性は、すべての人を救いたいという、「神の普遍的救済意思」を根拠としており、同時にそれは、唯一普遍の救いの手段である「キリストへの信仰と愛」の必要性を強調している。したがって、「神だけが知っている道」とは言え、不可抗的無知のゆえに洗礼に至らない者が救われるためには、

キリストへの信仰と愛が必要であり、自由意志をもってそれを受諾することが必要条件である。それを拒む者がどうなるかについて公会議は何も言わない。答えは明らかだからであろう。まさに「キリストの外に救いはない」である。

　まさにここに正直に白状しているのだ。だいたい〈不可抗的無知のゆえに洗礼に至らない者が救われるためには、キリストへの信仰と愛が必要であり、自由意志をもってそれを受諾することが必要条件である〉不可抗力的無知な人がキリスト教への信仰と愛が必要だと言ってるのだが、そんなことが実際できるわけもない。だから実際キリスト教信者でないと救われないのである。こんな屁理屈は教会のアーメン人間にしか通じるわけはない。こいつら！と言いたくなるカトリック神学者のこの頭の悪さと放漫さは救いようがないほど醜い。

　こんな理屈が通るわけもない。思い出すのは上智大学大学院の授業でカテキズムについて構成員が入れ替わり立ち代わり担当してペーパーを作り議題を説明する場があり、僕はこの〈教会外に救いなし〉をテーマに説明した。僕の理解は別にバチカン会議が迎合して〈誰もが救われる〉としたい意向は分かりつつも、彼らのロジックでは結局自己撞着に陥り、なんと誤魔化そうと〈教会外に救いなし〉と判断して、その世界的有名老教授の最後の僕への質問に、左様答えた。結果不愉快にも僕から〈教会外にも救いはある〉の答えを期待していたというのが老教授の意図であったのだろうか、この大学院の授業は僕の数少ない評価Ｂとなってしまったことを、今腹立たしく思い出す。

　本当にこの手のカトリックの人々の非論理性には驚くばかりだ。まさに欺瞞と偽善を作り上げるのが神学者の仕事だとよく分かった瞬間であった。

祈りの効果〜いくらお祈りしても無駄

　キリスト教のみならず、宗教のお祈りといもの、その効果について僕は無神論だから一切効果はないと、そんなものは実験するまでもない。かたやオールマイティの神はお祈りすれば、聞き入れてくれるかもしれないなどと信じるのがオカルト思考信者だ。

　マザー・テレサの祈りのお陰で生命が救われたなど、聖者に祭り上げられる条件が、祈りの奇跡が起こった証明だというから噴飯物だ。だったら聖者など存在しないという自己証明と言えるのではないかと、笑えてくる。

　僕は自分が愛する家族や友人など、病気を含め窮地に陥っているその人たちに、心より艱難を乗り越えて欲しいとの気持ちで、手を合わせることは当然ある。自分の窮地に際してもそうすることはある。しかしそれは自分の気持ちを表現しているもので他力本願的な宗教的な祈りとは全く異なる。

　そうすることにより自分の不安の心を安らげているだけで、あくまでも自己責任の領域だ。神社で孫の入学祈願のおみくじを買う、それは一種のアリバイ作りかもしれない、〈お祈りする気持ちが大切だ〉と目くじら立てる人々に対して、ありうるだろう誤解に対して前もって反論しておく。

　僕は〈祈りの効果〉実験そのものが意味のないものだということがあるし、患者の心理的状況として、祈られているという実験を知るのと知らないのと心理的な要因として病気の進捗状況に短期的な影響を与えるかもしれないとは思うが（祈られていると思うと、そんなに自分は重病なのか、悲観的あるいは逆にそんなに自分のことを気にしてくれてるのかと思うだけの話で、決して〈祈りの効果〉があるとは言えないだけの話である。

　実際、2006年4月発行の《アメリカ心臓病雑誌》に報告され

た結果は、一目瞭然だった。祈ってもらった患者と祈ってもらわなかった患者のあいだに差はなかった。オックスフォード大学の神学者リチャード・スウィンバーンは、この研究が失敗に終わったあと、神は正しい理由で捧げられ、応えたときにのみ祈りに応えられるのだという理由で、異論を唱えた。スウィンバーンはなおも強弁する、つまり、現世で神が課す苦しみを正当化しようとする。

・・・・・・・・・・・・・・・・・・・・・
「〜苦しみは私に、勇気と忍耐を示す機会を提供してくれる。それはあなたに、同情を示し、私の苦しみを和らげるのを助ける機会を与えてくれる。そして、社会に対して、あれこれの特定の種類の苦しみの治療法を見つけるために多額の金を投資すべきかどうかの選択の機会を与える。……正しい神は、私たちの苦しみを気の毒に思いはするが、きっと神の最大の関心は、私たち一人一人が忍耐、同情、寛容を示し、それによって敬虔な人格を形成することにあるのだ。ある人々は、自分たちのために病気になることがぜひとも必要なのであり、別の人々は、他人に対して重要な選択の機会を与えるために病気になることがぜひとも必要なのである。こういった形で後押しをされることで初めて、自分のなるべき理想の人格を得るべく、重大な選択をおこなえるような人々がいる。そうでない人々にとっては、病も価値はない。〜」

　この〈こいつ！よく言うわ！〉と言うほどの馬鹿げたグロテスク、こじつけ議論である。まさに〈ためにするための議論〉は信者以外さっぱり分からない、お馬鹿としか言えないわけの分からない議論をするのだ。ドーキンスによると、スウィンバーンと一緒にテレビに出演したとき、オックスフォード大学の同僚ピーター・アトキンスが居た。番組中、スウィンバーンがホロコースト

オックスフォード大学神学部の『前近代的思考』の教授・スウィンバーン

を、それがユダヤ人に勇敢で高貴な人間になるすばらしい機会を
与えたという理由で正当化しようと試みたことがあった。ピーター・アトキンスが一喝して切り捨てた。「地獄に堕ちて朽ち果て
ろ」[*]。

　*このやり取りは最終的に放映されたときには、編集でカット
された。このスウィンバーンの発言は彼の神学に典型的なもので、
そのことは、『神の存在』（2004年）にも「ヒロシマの原爆で焼
死した人間が一人少なかったと仮定してみてほしい。そのときに
は、それだけ勇気と同情のための機会が少なくなっていたことだ
ろう……」。まさに全く不可解な強弁と言えるオックスフォード
大学の神学部教授だ。まさに世界のこの特殊な〈神学〉と言う学
問と言えない循環論法の学問は、同じお仲間でない限りそのロジ
ックは一切通用しない。もちろん、公平に〈神学〉を学び、修士

号を得た僕にでも一切
通用しないことは事実
だ。

Ex Opere Operato

　まさにキリスト教の
誤魔化し後から開き直
り言い訳ができる真骨
頂のこの言葉：

　ピントくるためにあ
なたがた教会で結婚式
をあげたいと思うとき、
あの神父だけには司祭
をやらせたくないとい

どんな変態でも犯罪者司教でも教会での
司祭行為の結果はどれも有効

うだろう。当然のことだ。例えばそいつが変態神父であり少年強
姦の噂のある野郎だったら絶対にお断りしたいと思うだろう。と
ころが教会たるや司祭は神の代理として仕切るのであって個人が
仕切るのではないだからどんな巨悪の悪党　変態神父でも彼のや
った結婚式は有効だというのだ！

　素人は釈然としないだろうが？

　これこそちゃんと先に手を打っているのだ。それほど犯罪者や
変態が多いから後でごちゃごちゃ言われないように釘を刺してい
る教会の知恵なのさ！爆笑でしょう？法的には表見代理ってやつ
かな？
　・・・・・・・

ex opere operato is a Latin phrase meaning "from the work per-
formed" and, in reference to sacraments, signifies that they derive their

efficacy, not from the minister or recipient (which would mean that they derive it ex opere operantis, meaning "from the agent's activity"), but from the sacrament considered independently of the merits of the minister or the recipient. According to the ex opere operato interpretation of the sacraments, any positive effect comes not from their worthiness or faith but from the sacrament as an instrument of God. "Affirming the ex opere operato efficacy means being sure of God's sovereign and gratuitous intervention in the sacraments."For example, in Confirmation the Holy Spirit is bestowed not through the attitude of the bishop and of the person being confirmed but freely by God through the instrumentality of the sacrament. In order to receive sacraments fruitfully, it is believed necessary for the recipient to have faith. It is in those who receive them with the required dispositions that they bear fruit.

キリエ（Kyrie）　〈憐れみの賛歌〉

　キリエ（Kyrie）はギリシア語の κύριος（kyrios - 主）の呼格 κύριε をラテン文字で表わしたもので「主よ」を意味する。また、「キリエ」（もしくは「キリエ・エレイソン」）はキリスト教の礼拝における重要な祈りの一つ。日本のカトリック教会では第2バチカン公会議以降典礼の日本語化に伴い、憐れみの賛歌と呼ばれる。日本正教会では「主、憐れめよ」と訳される。

　僕はカトリック教会でこのキリエの聞いた初体験（もちろん僕はクチパクでアリバイ作るだけだったが）でこれほど屈辱感を感じたことはない。大の大人が揃って教会で〈憐みたまえ〉を何回も何回ももうこの人たちって何なのか？ケノーシスってこのことか？と！人間が公の場で自分の心の中の屈辱とも言える〈こんなに苦しんでいる僕たちをどうか神様憐んでください〉この自主性

ゼロ・自己責任ゼロ、少なくともプライドのある人間はこんな自分の弱みを公に絶対に出さない。

　偉大なグレコ・ローマン文明もそうだろうし、日本の武士道など絶対に許されない。よく恥ずかしげもなく、〈憐みたまえ〉それも集団で、まさに奴隷宗教の原点をこの最低最悪の屈辱の歌の群集の中で感じるのは僕だけだろうか？この歌が始まる前にそそくさとその場を離れるようにしたのが当時だが……今はもちろん教会など歴史的遺跡としてしか絶対に入らないし、友人の葬儀で教会だと遠慮するのが僕の方針だ！

　ついでにカトリックのキリエについてウィキから引用、どうぞご参考に。

「西方教会でいう「キリエ」の祈りは、「キリエ」ではじまり三節からなる祈祷文である。「キリエ」の祈りはカトリック教会のミサや、ルター派やアングリカン・コミュニオンの多くなどの他の宗派の典礼の中で用いられ、司祭などの先導で信徒（会衆）により復唱される。ヨセフ・アンドレアス・ユングマンをはじめとする神学者によれば、カトリックのミサにおける「キリエ」は、ミサの最初に行われていた東方教会のものとよく似た連祷（リタニ）の名残であると推測されている。西方教会では現在では、「キリエ」は通常、現地語で唱えられるが、歴史的にはギリシャ語をラテン語に翻字したものを、ラテン語ミサで用いていた。

Κύριε ἐλέησον, Χριστὲ ἐλέησον, Κύριε ἐλέησον.

Kyrie eleison; Christe eleison; Kyrie eleison.

発音 [ˈkir.i.e eˈle.i.son ˈkris.te eˈle.i.son ˈkir.i.e eˈle.i.son]

主よ憐れみたまえ / キリスト憐れみたまえ / 主よ憐れみたまえ

　伝統的には、各文が３回ずつ唱えられる。３行が３回ずつ歌われることは三位一体を念頭に置くものである。」

ローマ典礼では、「キリエ」は通常文の早い段階、「悔い改めの祈り」の次に唱えられる。ただし、第2バチカン公会議での改革以降のミサ（パウロ6世ミサ）では、「悔い改めの祈り」のC形に「キリエ」の文言が含まれるので、この形を用いる時には「キリエ」は重ねて唱えることはしない。

「悔い改めの祈り」のC形
　司祭：[短いその日の祈りの言葉の後] 主よ、憐れみたまえ。
　会衆：主よ、憐れみたまえ。
　司祭：[短いその日の祈りの言葉の後] キリスト、憐れみたまえ。
　会衆：キリスト、憐れみたまえ。
　司祭：[短いその日の祈りの言葉の後] 主よ、憐れみたまえ。
　会衆：主よ、憐れみたまえ。

　また洗礼時の灌水の儀式では、「悔い改めの祈り」と「キリエ」は共に略される。

　1969年まで広く行われていた第2バチカン公会議以前のトリエント・ミサでは、「キリエ」は通常文の中で最初に歌唱される祈りであり、ミサ曲の必須要素であった。ミサ曲の「キリエ」は、典礼文の対称構造を反映した三部形式 (ABA) の構造を取ることが多い。今日でも、「キリエ」はカントル、合唱隊、信徒によって歌われることがあり、その形はグレゴリオ聖歌からフォークソングまで幅広い。

「法王不可謬」(Papalem infallibilitas)

　2000年のキリスト教の歴史の中で、残虐と権力欲の傲慢不遜な法王たちの存在に於いて、まさに個人としての法王が言いたい

放題いいまくったことには一切瑕疵がないと、まさに法王不可謬性が恥ずかしげもなく罷り通った時代はあったのは事実だ。だから冗談半分に法王不可謬と言う意味も歴史を物語っている側面がある。

　さて、かかる傲岸に対して戦後の人の顔色を見まくるバチカン体制は、いかにもこの法王不可謬性を言うのが、民主主義に反するからとの〈世の中に迎合しましょう。お布施を稼ぎましょう〉のカトリック改革と自称する、その一環として、自らこの項目を縛って公平であると見せかけたいのが、例によってこの世界の偽善と欺瞞であって馬鹿げた話の展開となるのがおちだ。彼らはこれについて苦肉の策としてこう言うのだ。

「法王不可謬といっても決して教皇の発言がすべて誤りなく、正しいということではない。不可謬になりうるのは「教会が長きにわたって伝統として教えてきたこと」か「法王座（エクス・カテドラ）から厳かに宣言された」信仰に関する事柄のみに限定されている。さらにたとえ「教皇座からの荘厳な宣言」であっても、それが「教会の伝統的な教え」と矛盾しないよう配慮される。「教会が伝統として教えてきたこと」というのは「普遍的教導権」あるいは「一定の教導権」ともいわれる。そして「法王座からの荘厳な宣言」は「特別な教導権」あるいは「荘厳教導権」と呼ばれる。すなわちいくら信仰に関する法王の発言であっても教会の中で伝統的に言われてきたことでないものや、教皇の私的な場での意見などは「法王座から」の荘厳な宣言ではないので不可謬にはなりえないのである。」

「法王座から」の荘厳な発言となりうるためには以下のような条項を満たしている必要がある。

　法王が一人の神学者としてではなく、世界に広がる教会の霊的

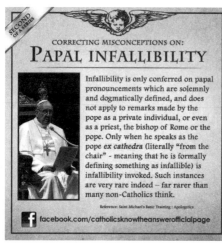

CORRECTING MISCONCEPTIONS ON:
PAPAL INFALLIBILITY

Infallibility is only conferred on papal pronouncements which are solemnly and dogmatically defined, and does not apply to remarks made by the pope as a private individual, or even as a priest, the bishop of Rome or the pope. Only when he speaks as the pope *ex cathedra* (literally "from the chair" - meaning that he is formally defining something as infallible) is infallibility invoked. Such instances are very rare indeed – far rarer than many non-Catholics think.

Reference: Saint Michael's Basic Training : Apologetics

facebook.com/catholicsknowtheanswerofficialpage

法王不可謬

な長として宣言すること。

信仰や道徳に関する事柄であり、それらが荘厳な形で手順を踏んで発言されること。

その発言が教会の過去の教えに矛盾しないこと。

あらかじめよく検討され、十分に納得され、変更の余地がないまでに完成された信仰の事柄について使徒の権威をもって公式に宣言が行われること。荘厳な宣言に関しては次のような定式表現で始まることが多い。「われわれはここに宣言し、以下のように定める。」

さらに「不可謬」の条件を満たすには、法王の宣言が全世界の教会を対象とされたものであることが必須である。つまり法王が公式の手順を踏んで「全世界の教会」に対して宣言したものでなければ、その宣言は「法王座から」のもので「不可謬」なものとはなりえない。

歴史的に見れば、このような権威をもって行う宣言には、これらの宣言に反対的な言辞を述べるものはカトリック教会から離れているとみなされるという一文がよく付加されるが、これをアナテマという。たとえば「不可謬」権を行使して宣言された法王ピウス 12 世の「聖母の被昇天」に関する宣言には、「もしこれら

のことを疑い、否定する発言を行うものはカトリック教会の信仰から離れているとみなされる」という一文が付加されている。時々隠そうとしても爪があらわになるのはこの傲慢さだ。カトリック教会では伝統的にこの権威を新約聖書の記述に由来するものと、勝手な解釈にて考えているが、カトリック教会以外の人々には支持されていない。当たり前の話だ。

　1870年に第1バチカン公会議で法王不可謬の教義があわただしく決定された後、ドイツ、オーストリア、スイスのカトリック関係者から法王不可謬を教義として宣言することへの疑問が示された。彼らは公会議の不可謬については異論がなかったものの、法王の不可謬権については納得できず、あるものはカトリック教会を離れ、復古カトリック教会といわれる独自のグループを形成した。

　カトリック教会内部にも法王不可謬を教義とすることは受け入れがたいと考えていたものがいた。たとえば神学者ハンス・キュングや歴史家ギャリー・ウィルスなどがそうであった。

　僕が一番納得できるこの問題についてのアプローチはイエズス会員ガース・ハレットの『光と影　教義の分析』（サンパウロ、1975年）がある。それは〈法王不可謬という考え方は正しいとか、間違いという以前に無意味なものであるという〉まさに〈正しいとか正しくないとか、間違いと言う以前にこの法王不可謬の考え方がナンセンス〉という痛快で明快なスタンスこそが問題の本質なのだ。

　本当にこの連中たるや、恥を知らない、まさに裸の王様として、よくまあと世間から批判を受けても何のことかもわからない能天気の連中がバチカンの実態だと分かるだろう。

　フランシスコ法王の〈土足で入ってきて〉長崎で偉そうな言い草であの国家反逆罪として日本の歴史で非難されるべきキリシタ

ンの反乱をたたえまくるこのセンスのなさ。それを黙って聞いている日本政府や国民たち。あの歴史は日本を西欧のカトリック権力機構の傘下に於いて西欧の帝国主義支配の尖兵としての聖職者たちがトロイの馬として日本に布教と称してやってきて破壊活動・サボタージュを行ったのを忘れてはならない。まさに日本国家への侮辱でもあることが分からない白痴的思考、まさに最低で失礼極まりないオカルト集団がこのバチカンであることを我が日本国は認識すべきで、政府は断固として抗議すべきであったのだ！

　ブランド主義の日本人よ！バチカンなどあるいはフランシスコ法王の発言などをありがたがるこの異常な国民性、失礼だと思わずに教科書までキリシタンの反乱などを賛歌するかのように書く我が日本人とは何なんだ！怒りを禁じ得ない。キリシタンの偽装を見抜きいち早くこれらを追放した豊臣秀吉こそ日本の英雄であり、キリスト教によって偽善と欺瞞の魂まで凌辱されたアジアのキリスト教国家群を見よ！日本は豊臣秀吉によって救われたのだ！

洗足式（Lava pedes genus）

　現代は靴を履いているけれど、古代は裸足であり、人間の足とは、最も外部の黴菌に直接接する箇所であった。また現代でも水虫に感染している多くの患者がいる箇所でもあり、人間の足ほど不潔な箇所はない。靴を履くようになったのは人間の生活の知恵であり、そんな汚い箇所を自分で洗わずして、人に洗わせる、さらに自ら奉仕の意味で人の足を洗う。かつては奴隷の仕事であったし、そんなものは歴史的にも最も恥ずべき行為であることは、歴史の人間の知恵であり当然のプライドからだ。

　それほど洗足のしきたりほど、僕らには理解できない、それを行うもののひとかけらもない矜恃や誇り、余談だが僕にご褒美に数億円与えると約束されても、僕はこんな惨めで卑しい行為はできない。それが人間の誇りであった、キリスト教が絶賛するような行為では絶対ない、信じられない最低の行為だと断言する。

　それを奨励するキリスト教というのはオカルト集団であると断定できるほどの恥ずべき行為のはずだ。

　聖書の、ヨハネによる福音書第13章4－17節にあるこの洗足の儀式。

「13:04 食事の席から立ち上がって上着を脱ぎ、手ぬぐいを取って腰にまとわれた。 13:05 それから、たらいに水をくんで弟子たちの足を洗い、腰にまとった手ぬぐいでふき始められた。 13:06 シモン・ペトロのところに来ると、ペトロは、「主よ、あなたがわたしの足を洗ってくださるのですか」と言った。 13:07 イエスは答えて、「わたしのしていることは、今あなたには分かるまいが、後で、分かるようになる」と言われた。 13:08 ペトロが、「わたしの足など、決して洗わないでください」と言うと、イエスは、「もしわたしがあなたを洗わないなら、あなたはわたしと何のかかわりもないことになる」と答えられた。 13:09 そこでシモン・ペトロが言った。「主よ、足だけでなく、手も頭も。」 13:10 イエスは言われた。「既に体を洗った者は、全身清いのだから、足だけ洗えばよい。あなたがたは清いのだが、皆が清いわけではない。」 13:11 イエスは、御自分を裏切ろうとしている者がだれであるかを知っておられた。それで、「皆が清いわけではない」と言われたのである。 13:12 さて、イエスは、弟子たちの足を洗ってしまうと、上着を着て、再び席に着いて言われた。「わたしがあなたがたにしたことが分かるか。 13:13 あなたがたは、

わたしを『先生』とか『主』とか呼ぶ。そのように言うのは正しい。わたしはそうである。 13:14 ところで、主であり、師であるわたしがあなたがたの足を洗ったのだから、あなたがたも互いに足を洗い合わなければならない。 13:15 わたしがあなたがたにしたとおりに、あなたがたもするようにと、模範を示したのである。 13:16 はっきり言っておく。僕は主人にまさらず、遣わされた者は遣わした者にまさりはしない。 13:17 このことが分かり、そのとおりに実行するなら、幸いである。」

　2019年4月18日、ローマ法王フランシスコ（82）は復活祭前の「聖木曜日」毎年で行われる「洗足式」で、12人の受刑者の足を洗い口づけをした。この式は、キリストが死の前夜に使徒たちの足を洗い、へりくだる姿勢を示したことを記念して行われている。

　歴代法王は洗足式をローマ市内の大聖堂の1つで行い、12人の司祭の足を洗っていた。しかしフランシスコ法王は、奉仕の象徴性をより強調するため、刑務所、移民や高齢者の施設などに変更。今年は、ローマから約40キロ余り南の都市ベレトリに赴いた。

　法王は受刑者らに、イエスの時代、客人の足を洗うのは奴隷と召使の仕事だったと説明。「これはイエスの教えであり、福音の教えだ。奉仕を教えるものであり、支配や、他者への辱めを教えるものではない」とし、「あなたがたの関係も、そのような（支配の）形であってはならない。最も強き者が最も小さき者に奉仕しなければならない」と語った。

　バチカンによると、洗足を受けた男性受刑者はイタリア人9人、ブラジル人、モロッコ人、コートジボワール人がそれぞれ1人だった。各自の宗教は明らかにしていない。

法王の汚い足への口づけ

　洗足式については、過去に法王が女性やイスラム教徒の足を洗った際にカトリック保守派から批判が出たことがある。

　まさにフェチ以外何でもない、このまさに異常変態の儀式、なんとカトリックが言おうと、こんな儀式に参加する法王、不潔な足に接吻する異常性、何故日常社会で、これに匹敵する行為をしたならすぐに逮捕の憂き目をあうだろう日本の警察システムと比較して、この重大犯罪者に迎合する女性たちが、本来の司法の力を無力化して、白昼堂々と、このフェチシズムを公認するこの事態、一体世界のまともな精神の健全なる頭脳は、かかる行為でもニヤッと笑って見過ごすのか？
　尊敬してきた神父某が突然、身内に対して、〈足を舐める行為〉を絶賛する。ああ恐ろしや恐ろしや！

幼児洗礼（Paedobaptismum）

　これも一種の幼児虐待であろう。まず定義から言うと〈教会または親の信仰に基づき、乳児や児童に授けられる洗礼を幼児洗礼または小児洗礼という〉らしい。大体宗教なるものは古代の遺物であり、化石をありがたがるまさに反知性・反近代の残渣に過ぎない。その宗教が親がそうだからと、何の知的発育もない赤子を無理やり教会に連れて行き、わけのわからない儀式の下に〈洗礼〉させて、信者の御仲間入りをさせる。

　例えば同じような儀式で、例えば国粋主義の団体が赤子に、神道の儀式の下に〈日本人として自覚を持って生きる〉ような儀式を行ったら、轟轟の社会的非難を受けるだろう。僕に言わすればこんな儀式があるとして、それを比べてキリスト教の〈幼児洗礼〉など儀式としても、同じ類の目糞鼻糞にかわりない儀式であり、将来の子供の信仰までを先付けするとんでもない〈幼児虐待〉だと言われても仕方ないではないか。

　プロテスタントの中には、幼児洗礼を認めていない宗派バプテスト派の全てと、福音派のうちホーリネス派、聖霊派のペンテコステ派などの一部は、聖書の中に幼児洗礼の記述がないことの理由の他に、最も妥当だと考えられる〈本人の信仰の確認ができないこと〉などで、これを認めていない。幼児洗礼自体は行っても、自分の意志で行動できる年齢になった後に信仰告白（堅信式）を行わなければ聖餐を受けられないとする教派も存在もある、日本で言えば七五三のように赤子を教会でさせたい親の文化性もあるだろうから、お祭りはやるが、本人確認は成人になってからとするのは合理的かもしれない。

　マルティン・ルターは、幼児洗礼は「神の賜物」であって、完全に受動的に受ける聖霊の働きであると理解した。洗礼によって

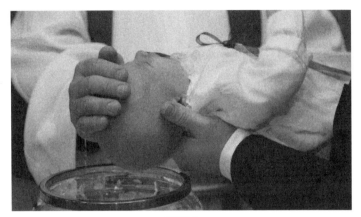

幼児洗礼

受ける聖霊の働き（神が幼子のうちに初めて下さる御霊の働き）によって、心からの真実な信仰の告白に導かれると理解した。

　フルドリッヒ・ツヴィングリは、幼児洗礼は、神の民の肢として生まれた子供に対して、教会が責任を持つしるしであると理解した。

　ジャン・カルヴァンも、キリスト者の幼子は、すでにキリストの教会の生きた肢であると考え、このキリスト者の幼子も、神の民の中に生まれたのであるから、洗礼を妨げてはならないと考える。

　イギリスではこの幼児洗礼の際にスプーンを使ってお食い初めを行う習慣があり、この際に使われるスプーンの材質が身分や貧富によって違っていた。そこから良い家柄・裕福な家の生まれである事を「銀の匙を咥えて生まれてきた」と言うようになり、現在ではヨーロッパ各地で幼児洗礼の際に銀のスプーンを贈る家庭がある。まさにお祭り的風習としての〈幼児洗礼〉である。

　カトリックは一番〈幼児洗礼〉に熱心だ。理由を、赤子の頃か

ら輝くように〈神の恵み〉受けさせ〈人間の原罪から守る〉狙いらしい。つまり「自分自身では罪を犯していないが、原罪から解放されるべき幼児や新生児に洗礼を授ける必要性」だと言うのだ。馬鹿馬鹿しい話である。

　最近欧州フランスやイタリアに行くと、カトリック家系で〈私は洗礼を受けたが教会など一切行かない。冠婚葬祭のためだけよ〉〈あんな洗礼を無理やり幼児の時に受けさせられた。なんとかその洗礼の傷を消したい。レッテルを剥がしたい〉などの声を聞く機会が多い。つまりキリスト教の総本山の欧州は今や普通のキリスト教者を見つけることすら難しいことは日本ではあまり知られていない。

　さて学問的に幼児洗礼を認める・認めないキリスト教宗派のまとめはネットでは下記の通りである。

○幼児洗礼・小児洗礼を行う伝統を持つ教派

東方教会

正教会

東方諸教会

非カルケドン派

アッシリア東方教会

西方教会

カトリック教会

聖公会

ルーテル教会

改革派教会

長老派教会

メソジスト

○幼児洗礼・小児洗礼を認めない伝統を持つプロテスタント諸派

バプテスト教会

ほとんどのペンテコステ派

アーミッシュ

プリマス・ブレザレン

セブンスデー・アドベンチスト教会

アルミニウス派

　なお、日本のプロテスタントの合同教会である日本基督教団では各教会の方針や牧師によって、幼児洗礼を行うかどうかに相違がある。エキュメニカル派と区別される福音派の日本福音同盟においても教会ごとに相違があるが、新生した者がバプテスマを受けるべきであるとする教理から、福音派では小児洗礼を行わない教会の方が若干多い。

第5章

パウロ神学がイエス思想を捻じ曲げた

パウロがキリスト教を捻じ曲げた

　聖パウロとは、もともとイエスの信徒を徹底的に弾圧していた張本人であり、回心してキリスト教徒となり、彼は「使徒として召された」（ローマ 1:1）と述べている。イエス死後に信仰の道に入ってきたためイエスの直弟子ではなく、「最後の晩餐」に連なった十二使徒の中には数えられない。新約聖書の中で、パウロが書いたと言われるパウロ書簡には『ローマの信徒への手紙』『コリントの信徒への手紙一』『コリントの信徒への手紙二』『ガラテヤの信徒への手紙』『フィリピの信徒への手紙』『テサロニケの信徒への手紙一』『フィレモンへの手紙』がある。

　一般的にキリスト教の神学部や神学校で教えるのは、パウロは異教徒の間へも隔りなく布教の努力をしたという綺麗事がある。キリスト教がユダヤ教の一つの宗派ではなく、もっと人種に拘泥することなく、今の言葉で言えばグローバル的だと言いたいのだ。それがペテロとの違いだ。特に現代では、〈現代思想にマッチした〉形で賞賛されるのだ。キリスト教の滑稽さは、その化石的存在の割に〈近代に迎合〉しようとする矛盾がある。

　しかしパウロは、いわゆる原罪のキリスト教の後ろ向きの側面を強調して、人間は罪人としてアダムとイブ以来の人間の〈誤りの遺伝子〉を強調するのだ。彼自体コンプレックスの塊であり、性的不能に陥っており、その反動として、ことさら〈肉〉（セックスと言えばわかりやすい肉欲）の世界を蛇蝎のように嫌い、従って女性蔑視、男女関係への嫌悪、権力への迎合、奴隷肯定などなど、ことさら人間の自然な欲望や自由闊達な人間らしさを否定し、イエスが決して言わなかったことまで主張し聖書を捻じ曲げた。

　心理学者でパウロの症状をヒステリー症候群と診断するものも

いる。

　パウロの権威主義はローマ人への手紙13.1-4において次のように述べる。

「13:01 人は皆、上に立つ権威に従うべきです。神に由来しない権威はなく、今ある権威はすべて神によって立てられたものだからです。 13:02 従って、権威に逆らう者は、神の定めに背くことになり、背く者は自分の身に裁きを招くでしょう。 13:03 実際、支配者は、善を行う者にはそうではないが、悪を行う者には恐ろしい存在です。あなたは権威者を恐れないことを願っている。それなら、善を行いなさい。そうすれば、権威者からほめられるでしょう。 13:04 権威者は、あなたに善を行わせるために、神に仕える者なのです。しかし、もし悪を行えば、恐れなければなりません。権威者はいたずらに剣を帯びているのではなく、神に仕える者として、悪を行う者に怒りをもって報いるのです。」

　エティエンヌ・トロクメは歴史家たちがパウロを「キリスト教の創始者」とすることに反発し、この考えがイエスを「ユダヤ教の改革者」という誤った位置づけにするものだと批判する。トロクメはパウロの思想がアウグスティヌス以前は正確に理解されているとは言い難く、そして中世の神学者たちも彼をあまり重視していないことを挙げ、パウロにキリスト教における中心的な地位を与えたのはルネサンスと宗教改革であると述べている。

パウロに対するさまざまな批判

　ちなみにパウロ批判について主だったものを書き列挙する。

セーレン・キルケゴール（哲学者）：
　イエスは我々の理想であり、我々が倣う対象であるはずだ。し

かしパウロによってその〈イエスに倣う〉が〈イエスの死〉すなわち〈キリストの贖罪〉の一点に集中されてしまった。ルターにしろ、宗教改革の中でカトリシズム以前ですらキリスト教がパウロによって変質したしまった事実を看過しているのだ。パウロはまさにイエスのキリスト精神を捨て去り、卓袱台をひっくりかえしてしまった。全く元来のキリストの考えと正反対なのだ！

エルネスト・レナン（宗教史家）：
　本物のキリスト精神とはイエスの言葉の中にあるのであってパウロ書簡にあるのではない。パウロ書簡は極めて危険であり隠れて岩のようなもので、まさにキリスト神学上の欠陥の主なる要因となっている。

アルベルト・シュヴァイツァー（科学者・哲学者・キリスト者）：
　パウロはイエスを知ろうとしなかった・・パウロはイエスの初期の時代に全く無関心であった。・・パウロの態度の元来の福音書のイエスの言葉を繰り返すのではなく、また権威に訴えるものではなかった。恐ろしいことはギリシャ人、カトリック、プロテスタント神学もイエスの福音を宣べ伝えるのではなくパウロ神学に置き換えてしまったのだ。

ウィリアム・ヴレーデ（プロテスタント神学者）：
　パウロのダマスコへの道の中での〈回心〉の原因はまさにインチキくさい。イエスの極限の道徳の姿、イエスの純粋さと憐れみ、イエスの民への思いやり、預言者としての態度すべてはイエスの初期の時代にあるものだが、パウロはこれらを全く飲み込んでいない。まあ言ってみればイエスとパウロそれは宗教的と神学的と区分される面がある。

ルドルフ・ブルトマン （プロテスタント神学者）：

　パウロは全くイエスに依るところはなく一人で自分の見解を述べただけである。まさに自分と関係ないことにはイエスを含め興味がないのだ。

ウオルター・バウアー （聖書学者）：

　パウロは単なるあの使徒時代の超異端者だ。

バーナード・ショー （劇作家）：

　パウロのイエスの精神に対する蹂躙ほど恐ろしい押し付けはない。

ウイル・デュラント （歴史家）：

　パウロはイエスの言葉の中に言い切ることのできないような曖昧さを神学としてでっち上げたのである。パウロはイエスの現実の生活や言葉を無視した、これはパウロはイエスに直接出会ったことがないからではあるが・・徳の判断を行為ではなくて信条で置き換える致命的間違いを犯した。

マルティン・ブーバー （宗教哲学者）：

　山上の垂訓はパウロ神学と全く相反する。

V.A. ホルムズ・ゴア師：

　本物のキリスト精神 (christianity) とパウロの理解と比べてみたらどんでもないイエスの考えとの乖離と裏切りがある。まさに教会はパウロに倣ってしまった。イエスを知るヨハネやペトロがパウロ神学なる暗闇に対する明かりと抵抗したが失敗したのだ。

レオ・トルストイ（文学者）:

　パウロという男がイエスの精神を無視して勝手な宗教を作り上げた。イエスの考えは人間の倫理の規範である。ところがパウロは形而上学的に作り上げ、倫理行動から〈信仰〉なることによりコンスタンチヌス帝の権力の手先としての宗教にしてしまったのだ。船頭に頼るのが人間だ。イエスが船頭であるべきキリスト教を、それを軽蔑し無視したパウロがイエスを追放して船頭に取って代わったのだ。権力の正当化（コンスタンチヌス帝）により人々はイエスに倣うその倫理的規範ではなくパウロのでっち上げた〈教会〉〈権力の手先〉にしがみついた。イエスの日常の生き方こそ人生とは何かとの規範であるべきなのに、パウロのドグマにより教会は間違った方向に進んでしまった。イエスは光でありパウロは闇である。イエスは人々が生きるべき規範、それを手本にしなければ人は〈生きる〉ことができないのである。だから〈山上の垂訓〉は偉大な人のあるべき道標なのである。パウロの説く〈信仰〉が何よりも支配し、イエスの行動、それこそ最も大切なる教えが横に追いやられたことが問題なのだ。〈信仰〉を第一に置くが故の教会の形式すなわち儀式などのこだわりが支配するようになった。イスラムの教えに限らず他の宗教は、いかに人はあるべきかという処方箋がある。しかしキリスト教にはそれがなく、単なる秘蹟などの儀式の形式だけが〈信仰〉として重んじられた。（洗礼、塗油，赦しなどカトリックの7つの秘蹟を示す）教会は大衆に迎合し権力者と行動を共にするほど落ちぶれた。本質的なイエスの姿など跡形もなくなってしまった。仰々しい教会の建築物と口先だけが残った。〈信仰〉たるや、最も大切なイエスの説いた〈倫理〉と両輪であるべきがそれとはかけ離れ、単なる〈信仰〉と〈ドグマ〉に陥ったのだ。〈神の意志〉という形

式がはびこり、イエスの根本思想は忘れ果てられた。まさに似非キリスト教と言える。繰り返すが似非キリスト教はまさにイエスが教えた〈倫理〉という宗教の質であるが、それがパウロの〈信仰〉そして〈権力への服従〉という形になったのだ。だから〈教会は捨てなさい〉とトルストイは言う。イエスに倣うことこそ人間に幸せをもたらすのであって、教会ではなく、その中の位階制度では決してありえなのだ。位階制度とはまさに教会がタッグを組んでいる権力の都合主義だからだ。

ミシェル・オンフレイ（仏哲学者・無神論者）：
　もともとパウロはゴリゴリのユダヤ教信者でキリスト教徒を迫害することに嬉々としていた。ステファノは天使のような顔を持ち、「不思議な業としるし」によって人々をひきつけたため、これをよく思わない人々によって訴えられ、最高法院に引き立てられた。そこでもステファノはユダヤ人の歴史を引き合いにしながら「神殿偏重に陥っている」とユダヤ教を批判したため、石打ちの刑に処せられた。この場にそのリンチ集団の首領としていたのがこのサウロ（後のパウロ）である。
　キリスト教徒征伐のためにダマスコへの途上において、「サウロ、サウロ、なぜ、わたしを迫害するのか」と、天からの光とともにイエス・キリストの声を聞いた、その後、目が見えなくなった。3日間目も見えず、ものも言えず、食事もできず、水も飲めなかったが、アナニアというキリスト教徒が神のお告げによってサウロのために祈るとサウロの目から鱗のようなものが落ちて、目が見えるようになったことでパウロの回心と言われるが、紀元34年頃の出来事だ。現代の精神科専門医はまさにこの症状はヒステリー（ノイローゼ）と言う。このノイローゼは身の回りの世界に同じノイローゼを押し付けるらしい。したがってパウロは自

分の世界観をキリスト教会に押し付けたのだ。厭世観、マゾヒズム、狂気、女性嫌いなどなど、そして死への衝動などノイローゼの症状がパウロに典型だ。知的残虐、知的非寛容そして〈肉の世界〉を徹底的に嫌悪するそれは虚弱体質への崇拝、健康な生き生きした体への嫌悪、女性蔑視そして苦しみを与えることへの喜びなどがパウロに見られる症状だ。〈肉の世界〉の嫌悪それは性愛の否定、純潔の崇拝、独身の賛歌など結婚は悪い選択の中のベストだというが異常なヒステリーの症状だ。まさにフロイドの心理学を地でいったようなメンタリティの持ち主である。このパウロのヒステリー症状からなる考えを押し付けたのがパウロ神学である。パウロ書簡にもあるが、彼のマゾヒスティックとも言える自己の苦難の道を事細かに民衆に説いている。傑作なのはアテネにあるアゴラにてストア派やエピキュリアン派の人々に肉の復活を説いて馬鹿にされている。自己の〈肉〉を憎悪することを社会にも押し付けるこれがパウロの実態と言える。あの創世記にある基本的な女性蔑視の箇所がパウロの女性嫌悪の基であり、自らも性的不能者であるがゆえに、その憎悪とも言えるほど女性へのそれが増幅されるのだ。キリスト教の2000年の女性虐待なる魔女狩りなど、このパウロの系譜ではないだろうか！

　パウロは知性というものも憎悪した。あの創世記の知恵の木の果実を食べたために人類が汚染され、それが子々孫々まで〈罪〉として伝染したというのもパウロの思想だ。彼には教育背景もなく、学者によると彼のギリシャ語も汚く優雅さに欠くらしい。実際彼は読み書きできず、書いた人物もパウロの話し言葉を書いたとの説もある。彼がストア派やエピキュリアン派たちに馬鹿にされたことも、彼をヒステリーから反知性・反文化の道へ驀進させた理由でもある。

　パウロはイエスとの直接の関係はない。マルコが最初の福音書

を書き始めたがそれはパウロの死の直前である。したがってマルコは本来の福音書にある崇高なイエスの行動について知識はなかったと断定してもおかしくない。だからこそパウロには多くの学者が批判しているように、強引で勝手なマゾヒズムと裏返しのサディズムの神学が出来上がりそれが世界に後世キリスト教の思想として一人歩きしたのは、まさにパウロが元凶と言える。

　パウロには何よりもイエス自身に直接あったいわゆる 12 使徒ではないことにコンプレックスがあったのではないか？だからこそ、イエスの偉大な日常の行いに注目するよりも、まさにイエスの人類の贖いに集中特化して、自らの強引な歪曲解釈でカトリック教会のみならずプロテスタント教会を主導してところにキリスト教の〈終わりの始まり〉を見てしまう。近代人に〈あなたは罪深い〉と思いを強制されても、全く時代にマッチしないし、近代人もそんな感覚など違和感を感じるのが当たり前なのだ。時代錯誤も甚だしいアナクロニズムでしかない。

偽善を蛇蝎のように嫌ったイエスの筈なのに、現実のパラドックス

「偽善者」とは、偽善を行うものである。つまり偽りの善で見かけだけを取り繕ったインチキの善を行うものと言える。

　偽善者には二つのパターンがある。

　その 1、裏では悪を行いながら、人前では善を行うものである。

　その 2、別に特に悪は行なっていないが、言うこと為すこと善人をジェスチュアするものである。

　この二つのパターンをまず心せねば、偽善者とは何かと言うことに混乱が生じるであろう。僕が還暦を過ぎた頃に、真面目な心機一転の気持ちで日本のカトリック有数大学に学んだ時に、ある神父かつ神学部教授がこう言ったのを鮮明に記憶している。「偽

善だとしても、それが社会にプラスになれば非難すること自体意味がない」のだという。この議論こそが唾棄すべきものであって、僕がまさに偽善たるものが、見かけの善行為であっても、この傾向こそが,社会に害毒を与える悪であると言いたいのだ。

タイプ1,人が見えないところで悪を行い、人前で善をする人。

これは実に分かりやすい偽善者である。これは本人はある意味で偽善と分かっていながら、自分の悪の行為の数々をいわば免罪符のごとくに、打ち消すために、自らの認識のもとに善行為を行う者である。分かりやすく言えば、権力者に類するものに賄賂を贈って特別な便宜をはかってもらいながら、いざ公共の慈善行為に気前よく寄付や社会奉仕をする輩のことである。

こう言う人間は、一見好々爺で人当たりがよくて八方美人が多い。心の功利主義を悪としても、朗らかな善人ぶりで自分の社会的地位を確立していく人間である。世界の富豪ロックフェラー、ロスチャイルド、日本では紀伊国屋文左衛門、岩崎彌太郎などがこの分類に入るだろう。実は、僕がこの著書で議論するのはこのタイプの偽善者ではないのである。神学部の前述の教授の言葉もこんなタイプ1の人間かもしれない。

人間の魅力があるかどうかと言えば、こういう人間は、ずる賢さの反面、人間的魅力があるのも事実だ。

タイプ2,自分が偽善者である自覚がない人。

このパターンの人間は、特に口先と裏腹で陰で悪事をしているわけではない。むしろ確信犯的偽善者を示すのである。世の中のマスコミや政治家の発する歯の浮くような綺麗事に賛同する、実際は政治的・経済的利害とは離れた、〈いい子ちゃんになりたい〉一心で偽善を行う人間と定義できるだろう。

裏であくどいことをしているわけではない。しかしながら、実は社会を堕落させるのは、この手の偽善者である。こういう連中

は社会の発する偽善の空気に乗っかり、ある時はリンチの風のようになる。政治の世界では、○○チルドレンとか○○旋風などという、時々、衆愚政治的に旋風を巻き起こす人物がいるが、この手の人間に無批判に従う連中だ。

さらに例えばヘイト・スピーチ禁止を叫ぶ人間たち、すでに法案は成立したが、これほど自由主義に悪影響を催す法案はない。言論の自由こそ内容はともあれ人間の人間らしい最高の不可侵の領域なのだ。

さらに偽善の世の中で、誰もが一件反対できない、反対すれば袋叩きに合うような、〈人間は生命至上主義は絶対的価値だ〉〈人間は絶対的に平等である。機会平等も当然だが結果平等だ〉〈いかなる差別も許されない。区別も差別だ〉〈ホモ・レスビアンは政府が積極的に保護しなければならない。これを差別するのは人権の重大な侵害だ〉などなど、まさにそれに反対する意見を言葉狩する風潮だ。これこそ言論の自由による人間社会の歴史・進化を阻害するものである。

そんなリンチ社会の現実を大いに憂えるのが僕だが、綺麗事や良い子ちゃんぶりは、知らない間に反対を唱える少数派の権利を侵害していることにあり、罪悪感が皆無であるという恐ろしさだ。キリスト教的な偽善にはこの手の偽善が今や跳梁跋扈して、世界の少数意見を圧迫しているのだ。

公正を期するために『新キリスト教辞典』いのちのことば社（1991）がある。これにて偽善という言葉を引いてみると、下記が出てくる。

「[ギリシャ語] ヒュポクリシス，偽善者は [ギリシャ語] ヒュポクリテース．偽善は，イエス・キリストが非常に嫌い，強く非難しておられる罪である．新約聖書において，偽善ほど厳しく非

難されている罪は少ない．この語は本来，装うこと，役者のように演ずることを意味する．福音書の多くの箇所において，イエス・キリストは，律法学者，パリサイ人の偽善を厳しく糾弾しておられる．偽善は見せかけの善行，見せかけの敬虔であり，その実のない生き方である．偽善者は人にほめられたくて会堂や通りで施しをし（マタイ6：2），人に見られたくて会堂や通りの四つ角に立って祈り，ことば数をいたずらに多くする（同6：5, 7）．断食をする時はわざとやつれた顔つきをする（同6：16）．神に仕えているように見せかけて，その実は自分がほめられることを求めているのである．伝道さえも偽善の行為となり得る．「忌わしいものだ．偽善の律法学者，パリサイ人たち．改宗者をひとりつくるのに，海と陸とを飛び回り，改宗者ができると，その人を自分よりも倍も悪いゲヘナの子にするからです」（マタイ23：15）．それは伝道の名を借りた自己拡張であり，神の名を借りた売名行為である．〈復〉偽善の行為はそのつど，人からの報いを受ける．人からほめられ，自分の信奉者を得る．従って，神からの報いを得ることができない．そればかりか，偽善は神に厳しく罰せられる（マタイ24：51）．偽善は見せかけの善行や，敬虔の下に隠されている心の醜い動機であり，心の誇り，高慢，汚れである．謙遜を装いながら心は高慢に満ちているのである．〈復〉多くの罪の中で，偽善は最も簡単に犯しやすい罪である．クリスチャンであっても例外ではない．キリストの使徒たちのリーダー格であったペテロでさえ，割礼派のユダヤ人を恐れて偽善の罪を犯し，バルナバまでも偽善の行為に引きずり込み，パウロから厳しく抗議されている（ガラテヤ2：11 - 14）．聖霊の助けなしに偽善の罪に勝利できる人は誰もいない．聖霊の光に照らされて，自分の中にある偽善の罪に気付かせていただき，それを捨てること（Ⅰペテロ2：1）が大切である．また，自分の弱さを知って

聖霊に信頼することである．偽善に引きずり込まれないように，偽善者との交わりを避けることも大切である（詩篇26：4）．→罪・罪論，善．（千田次郎）」（出典：『新キリスト教辞典』いのちのことば社, 1991）。

　僕の考えだが、今のカトリックを中心にキリスト教聖職者並びに信者をみるとこれほど偽善という言葉にマッチする用語は見当たらない。まさにイエスが蛇蝎のように嫌った偽善こそが彼らの生活パターンのみならず、法王のスピーチなど偽善だけが聞くものの心を捉え、空虚でむなしい口先だけの綺麗事しか、僕の心の中を谺しないのである。

　実際聖書を見ると、一番目に付くのは、イエスの最も嫌いなものは、「偽善」だと誰もが思う。社会の底辺にある、民衆や社会的弱者、弱っている人、病人、罪人（遊女、取税人）に対しては、やさしく憐れみを示しているが、律法法匪主義、儀礼的前例主義、人に厳しく自分に甘い態度、高慢とさげすみ、利己的で自己中心な「偽善」に対して断固として臨み、痛烈に批判している。

　イエスは、神のことばや思いをねじ曲げ、自分たちに利益を誘導して自分たちを高めようとする律法学者・パリサイ人と徹底的に戦った。

　イエスが指摘したのは例えばマタイ23章だけを見ても：

「23:04 彼らは背負いきれない重荷をまとめ、人の肩に載せるが、自分ではそれを動かすために、指一本貸そうともしない。 23:05 そのすることは、すべて人に見せるためである。聖句の入った小箱を大きくしたり、衣服の房を長くしたりする。 23:06 宴会では上座、会堂では上席に座ることを好み、23:07 また、広場で挨拶されたり、『先生』と呼ばれたりすることを好む。 23:08 だが、

あなたがたは『先生』と呼ばれてはならない。あなたがたの師は一人だけで、あとは皆兄弟なのだ。 23:09 また、地上の者を『父』と呼んではならない。あなたがたの父は天の父おひとりだけだ。 23:10『教師』と呼ばれてもいけない。あなたがたの教師はキリスト一人だけである。 23:11 あなたがたのうちでいちばん偉い人は、仕える者になりなさい。 23:12 だれでも高ぶる者は低くされ、へりくだる者は高められる。 23:13 律法学者たちとファリサイ派の人々、あなたたち偽善者は不幸だ。人々の前で天の国を閉ざすからだ。自分が入らないばかりか、入ろうとする人をも入らせない。 23:14 ＊学者とファリサイ派の人々、あなたたち偽善者は不幸だ。やもめの家を食い物にし、見せかけの長い祈りをする。だからあなたたちは、人一倍厳しい裁きを受けることになる。 23:15 律法学者たちとファリサイ派の人々、あなたたち偽善者は不幸だ。改宗者を一人つくろうとして、海と陸を巡り歩くが、改宗者ができると、自分より倍も悪い地獄の子にしてしまうからだ。 23:16 ものの見えない案内人、あなたたちは不幸だ。あなたたちは、『神殿にかけて誓えば、その誓いは無効である。だが、神殿の黄金にかけて誓えば、それは果たさねばならない』と言う。 23:17 愚かで、ものの見えない者たち、黄金と、黄金を清める神殿と、どちらが尊いか。 23:18 また、『祭壇にかけて誓えば、その誓いは無効である。その上の供え物にかけて誓えば、それは果たさねばならない』と言う。 23:19 ものの見えない者たち、供え物と、供え物を清くする祭壇と、どちらが尊いか。 23:20 祭壇にかけて誓う者は、祭壇とその上のすべてのものにかけて誓うのだ。 23:21 神殿にかけて誓う者は、神殿とその中に住んでおられる方にかけて誓うのだ。 23:22 天にかけて誓う者は、神の玉座とそれに座っておられる方にかけて誓うのだ。 23:23 律法学者たちとファリサイ派の人々、あなたたち偽善者は不幸だ。薄荷、いの

んど、茴香の十分の一は献げるが、律法の中で最も重要な正義、慈悲、誠実はないがしろにしているからだ。これこそ行うべきことである。もとより、十分の一の献げ物もないがしろにしてはならないが。 23:24 ものの見えない案内人、あなたたちはぶよ一匹さえも漉して除くが、らくだは飲み込んでいる。 23:25 律法学者たちとファリサイ派の人々、あなたたち偽善者は不幸だ。杯や皿の外側はきれいにするが、内側は強欲と放縦で満ちているからだ。 23:26 ものの見えないファリサイ派の人々、まず、杯の内側をきれいにせよ。そうすれば、外側もきれいになる。 23:27 律法学者たちとファリサイ派の人々、あなたたち偽善者は不幸だ。白く塗った墓に似ているからだ。外側は美しく見えるが、内側は死者の骨やあらゆる汚れで満ちている。 23:28 このようにあなたたちも、外側は人に正しいように見えながら、内側は偽善と不法で満ちている。 23:29 律法学者たちとファリサイ派の人々、あなたたち偽善者は不幸だ。預言者の墓を建てたり、正しい人の記念碑を飾ったりしているからだ。 23:30 そして、『もし先祖の時代に生きていても、預言者の血を流す側にはつかなかったであろう』などと言う。 23:31 こうして、自分が預言者を殺した者たちの子孫であることを、自ら証明している。 23:32 先祖が始めた悪事の仕上げをしたらどうだ。 23:33 蛇よ、蝮の子らよ、どうしてあなたたちは地獄の罰を免れることができようか。 23:34 だから、わたしは預言者、知者、学者をあなたたちに遣わすが、あなたたちはその中のある者を殺し、十字架につけ、ある者を会堂で鞭打ち、町から町へと追い回して迫害する。 23:35 こうして、正しい人アベルの血から、あなたたちが聖所と祭壇の間で殺したバラキアの子ゼカルヤの血に至るまで、地上に流された正しい人の血はすべて、あなたたちにふりかかってくる。 23:36 はっきり言っておく。これらのことの結果はすべて、今の時代の者たちにふりかかって

くる。」

1）人に重荷を負わせて自分は苦労しない。マタイ23:4
2）人々からの賞賛を得たがる。　　　　　マタイ23:5〜7
3）天国への道を邪魔する。　　　　　　　マタイ23:13
4）弱者からの搾取。　　　　　　　　　　マタイ23:14
5）新しい信者を悪へと導く。　　　　　　マタイ23:15
6）神に対するいい加減さ。　　　　　　　マタイ23:16〜22
7）あわれみのない宗教行為。　　　　　　マタイ23:23,24
8）見栄っ張り。　　　　　　　　　　　　マタイ23:25〜28
9）言行不一致。　　　　　　　　　　　　マタイ23:29〜36

　上記はいわば、分かりやすい偽善だが、イエスが説いた教えの中で、隣人愛とか復讐の禁止などは、僕にいわすれば、人間的な情愛や正義の怒りなどを無視した、あまり人間社会に通用しない理想主義の感はある。イエスで最も高く評価するのは、〈人を裁いてはならない〉教えである。「姦通の女」ヨハネ福音書第8章3〜11節にある：

　08:03 そこへ、律法学者たちやファリサイ派の人々が、姦通の現場で捕らえられた女を連れて来て、真ん中に立たせ、08:04 イエスに言った。「先生、この女は姦通をしているときに捕まりました。08:05 こういう女は石で打ち殺せと、モーセは律法の中で命じています。ところで、あなたはどうお考えになりますか。」08:06 イエスを試して、訴える口実を得るために、こう言ったのである。イエスはかがみ込み、指で地面に何か書き始められた。08:07 しかし、彼らがしつこく問い続けるので、イエスは身を起こして言われた。「あなたたちの中で罪を犯したことのない者が、まず、この女に石を投げなさい。」08:08 そしてまた、身をかがめ

146

姦通の罪を犯した女とイエス。人を裁くな

て地面に書き続けられた。08:09 これを聞いた者は、年長者から始まって、一人また一人と、立ち去ってしまい、イエスひとりと、真ん中にいた女が残った。08:10 イエスは、身を起こして言われた。「婦人よ、あの人たちはどこにいるのか。だれもあなたを罪に定めなかったのか。」08:11 女が、「主よ、だれも」と言うと、イエスは言われた。「わたしもあなたを罪に定めない。行きなさい。これからは、もう罪を犯してはならない。」

　姦通罪で捕らえられた女性をめぐって、主イエスと律法学者たちが対決する場面において、旧約の律法では、姦通罪は石打ちの死刑にされることになっていたが、判断を求められた主イエスは「あなたたちの中で罪を犯したことのない者が、まず石を投げなさい」と言った。すると年長者から始まって一人また一人と立ち去ってしまい、誰も女に石を投げることができなかったのだ。

　人を裁く権利や資格をもつ者はいない。この世界には罪を犯したことのないものは一人もなく、自分の正しさを根拠に人を裁く権利や資格をもつ者は、誰もいないことを明らかにしている。これこそが偽善の打破として臨場感あふれるイエスの真骨頂だと僕は考えている。これこそ偽善を嫌う本質のエピソードなのだ。

第6章

バチカンの堕落

奇蹟(miraculum)

〜人々の入信のお目当てに対して、〈奇蹟〉をちらつかせなければならないのならそんな宗教など〈店じまい〉した方が良い。〜
　この近代に於いて、はっきり言ってキリスト教やその他宗教のいう奇蹟など絶対に存在しない。さて（キリスト教の言う）奇蹟とは wikipedia（奇跡と綴っているが）によると、聖書にはモーセやエリヤやイエスなどがさまざまな奇跡を行ったと記述されている。

　キリスト教のうち、正教会、カトリック教会、さらに聖公会・プロテスタント内の福音主義は、福音書（『新約聖書』）に描かれていること、たとえばキリストの処女降誕、病者の治癒、死者の蘇生、キリストの肉体的復活などについて、キリストの生涯においては超自然的な出来事が起きたとする（イエスの奇跡も参照）。神自身が関わっているしるしとされ、人々を信仰へと導くものである。

　近代科学や数学などが自然現象を解明しているこの世の中で、そもそも奇蹟が存在しなかったら成り立たないこのキリスト教というものはまさに滅びゆく運命にあると自覚されたら良い。マザー・テレサを異常に早く聖者（福者を経て）まで〈出世〉させたバチカンの狙いはこの〈有名人〉（実は 20 世紀最大最悪の偽善者と言われるこの偽善と欺瞞のマザーの真相は聖者などに全く相応しくないカトリック史上最大の失態であることは数々の文献を読めば明らかにもかかわらず）をその信者リクルートのための人気取りだった。

　無理だらけの手続きがあり、福者も聖者も奇蹟を何回か（それぞれ規定されている）行なったことが出世の条件という笑止千万

の規則がある。全く馬鹿としか言いようのないこの制度）、例えばインドで起きた出来事で瀕死の病人がマザーの祈りのおかげで生き延びたことを挙げたが、有名な話はインドの医者の抗生物質供与がその理由で医者は厳重に抗議したがカトリック教会は〈脅し〉でもって黙らせた笑い話がある。これも事実だ。

　そもそもイエスが水上歩行など神話としてなら可愛げのある話だがこの現代においてあり得ない話を真顔で話す聖職者たち信者たち、はたから見れば、まさにオカルト集団の儀式そのものだ。それがこの現在においてまで抗生物質ではなくマザーの祈りのお陰の奇蹟だと言い張る、このバチカン組織こそグロテスクなアナクロの世界だ。

　もっと数学的に言えば不思議な現象は全て確率論からの説明で事足りるものであり、大儲けしたのも確率論、入るはずがない大学に入学できたのも確率論、全て確率論で考えるのが近代の人間の作法であるべきだ。そうでなければ、社会機構の論理性から超越すること事体、野蛮な祈りの世界に歴史を引き戻すだけの話である。

　馬鹿げた奇蹟を神の恩恵だとありがたがる世界、都合が悪くなると全て超越の世界。実に宗教指導者にとって便利な手段だ。もっというなら奇蹟など存在しないものをペテンあるいはオレオレ詐欺のようなもので人を騙す手段が、税金優遇で国民の血税で恩恵を受けている宗教団体とは何だということになるだろう。競争原理も何もない、ペテンで信者を集めてただめしを食う聖職者たち、こんな不合理はないのだ。

Pāpa〈教皇とは俺のことかと法王言い〉ラテン語は一切変わっていないのに何故日本だけローマ法王をローマ教皇と呼び名を変えなければならないのだ!

　まさに偽善と欺瞞の伏魔殿のバチカンが言いだしたもので、ローマ法王庁の指揮下にあると言って良い上智大学神学部などは、教授の発言、教授の人事が法王庁のモニター下にあることは事実で、教授などもビクビクしているが、その告げ口組織の一員であるシスターが、そのモニター役を兼ねているのだ。現にある教授の〈解釈〉について、シスターが授業で聞いたものを疑義ありとして、東京在のバチカン大使館に垂れ込み、バチカンにより警告がなされたというエピソードがある。

　上智大学では、僕は法王と答案に書くと叱責されたものだ。僕はこんな言葉の変更が、元のラテン語自体が同じなのになぜ変えなければならないかと怒りを込めて絶対に法王、法王庁と今でも呼んでいる。あのアンドレ・ジッドの名作〈法王庁の抜け穴〉まさに法王庁こそが彼らのやっている巨大な権力機構、世界への内政干渉も辞さない自信満々の発言、権威主義と裸の王様たる、身の程知らずである、法王こそが語感にぴったりするのだ。

　法王と訳語をつけた、いにしえの日本人の感性の素晴らしさだ。支那を中国と呼びなさいと日本が命令され適応しているのもこの類の話である。それを受けたら挙げ句の果ては支那より図々しい言葉〈日本の中国銀行は名前を改めよ〉まさに日本のようにすぐ日和るとこういう敵国はすぐつけ込んでくるのが外交の常識なのに、いつも日本は言いなりだ。

　断固拒否すべきで、ついでに昨年のフランシスコ法王の長崎でのキリシタン大名反乱軍の一揆の持ち上げなど、土足で日本での失礼千万な外交など許す事は絶対にできない。まさに4％の人口しか持たない日本のキリスト教人口に対して96％を無視した、要するにバチカンのレイシズムに過ぎないことを読み取らなければならないのだ。

　下記ネットより引用：

「大鷹正人（おおたか・まさと）外務報道官が 2019 年 11 月 20 日夕、会見を開いて次のように述べた。

・・・・・・・・・・・・・・・・・

「これまでバチカン国家元首の日本語での呼称については、日本国内で『ローマ法王』と『ローマ教皇』という異なる呼称が用いられてきました。ただ、カトリック関係者をはじめ、一般に『教皇』という呼称を用いる例が非常に多く見られること、また日本政府の一般的な呼称として『教皇』を使用する場合、バチカン側として問題がないという確認ができたことを踏まえ、フランシスコ台下（だいか）訪日に際し、日本政府として『教皇』という呼称を使用することとしました」

　以前は日本のカトリック教会の中でも「教皇」と「法王」が混用されていたが、日本の司教団は 81 年 2 月のヨハネ・パウロ 2 世の来日を機会に、「ローマ教皇」に統一することにした（カトリック中央協議会のホームページ）。「教える」という字のほうが教皇の職務をよく表すという理由からだ。

　ただ、日本の一般社会でこれまで「法王」という呼称が広く使われてきたのは、駐日バチカン大使館が「ローマ法王庁大使館」（東京都千代田区）という名称であり、それに合わせたものだという。日本とバチカン（ローマ教皇庁）が外交関係を樹立した 1942 年当時の定訳が「法王」だったため、ローマ教皇庁が「ローマ法王庁大使館」という名称で日本政府に申請したのだ。そういうことから、外務省をはじめ政府は「法王」を公式の呼称として用い、これまでマスコミ各社もこれに従っていた。

　しかし政府が「教皇」の使用を決めたことで、さっそくＮＨＫをはじめ、一般メディアも追随している。「読売新聞」は 22 日、

「ローマ教皇、26日まで滞在し長崎や広島訪問…核廃絶へメッセージ」という記事で「ローマ法王の呼称について、今後は『ローマ教皇』と表記します」と最後に書き、『朝日新聞』も「教皇がヒロシマの心を震わせた　38年前、冬の日の熱気」という記事の最後に「※法王の表記を『教皇』に改めました」と注意書きを入れ、『産経新聞』も「『ローマ教皇』に表記を変更します」と「おことわり」の記事を出した。それ以外にも、『毎日新聞』『日本経済新聞』『共同通信』『時事通信』なども歩調を合わせている。

尊者、福者、聖者って何者?

　中央協議会のネットを見るとカトリック業界の功績を讃える勲章には尊者、福者、聖者とあるが、その定義と判断基準は下記の通り、公平にここにまず述べることとする。

　全くお笑いなのは福者と聖者になるために前者に一つ、後者にさらに一つ、奇蹟を起こしたことがあると。爆笑ものである。それもお祈りでその奇蹟を起こしたことらしい。マザー・テレサの奇蹟認定には抗生物質で一命をとりとめたものをテレサのお祈りのお陰だと強弁したカトリック、担当医師は自分の治療法の成果をこんな反近代のシャーマニズムにて治癒したなど職業倫理とプライドが許さず、怒り狂いその事実を歪曲したことで抗議したがカトリックは〈そんなことしていたらてめえ地獄に行くぞ〉とマフィア並みの脅迫をして黙らせたという全く漫画そのもの。

　日本には結構これに該当する連中が多いが、寺社仏閣を焼き払った、まさに現代のタリバン・IS並みの文化遺跡破壊者の高山右近などキリシタン大名など全くキリスト教による植民地支配の手先となった国家反逆テロリストを列福した。それに対して日本政府よりはバチカンへの抗議すらない。例えばアメリカで、シリ

ア政府がアメリカ人のテロリストに勲章を与えたとしたらアメリカ政府はそれを絶対に許さないだろう。失礼極まりないバチカンの態度は昨年10月のフランシスコ法王の長崎にての反日スピーチにも顕著だ。バチカンと国交断絶するのが日本政府のしかるべき対応だったはずだ。

　さて、くだらないバチカンで奉られるおエラ様を定義しよう。あえてそのまま〈ですます〉調のままネットより使うことにする。

■　尊者

　教皇庁列聖省が聖人の列に加えられることを最終的な目的として、その調査を宣言すると、その人は「神のしもべ」と呼ばれ、次の段階で「尊者」と宣言されます。

　尊者とは列聖省が様々な調査によってその人物の生涯が英雄的、福音的な生き方であったことを公認する時につけられる敬称です。（教皇庁列聖省：以前は教皇シクスト五世が1588年1月22日に創設した『礼部聖省』が列聖調査を行っていましたが、次第に聖人候補が増えてきたために、1969年5月8日、教皇パウロ六世が列聖調査業務を独立分離させて、この列聖省を設けました。）

■　福者

　聖人の位にあげられる前提として、尊者の徳ある行為あるいは殉教によりその生涯が聖性に特徴づけられたものであったことを証して「福者」という敬称がつけられます。そして現在は天に在住し、福者の列に加えられることを「列福」といい、その式を「列福式」といいます。

　聖人・福者には、イエス・キリストに対する信仰のためにいのちをささげた「殉教者」と、死ぬことはなくともさまざまな困難の中、イエス・キリストに対する信仰を宣言し続けた「証聖者（しょうせいしゃ）」がいます。

　福者になるためには、証聖者の場合、その人に祈りをささげることによって重い病気から回復した、といった、一つの「奇跡」が必要です。殉教者の場合は必要ありません。調査委員会が中心になってさまざまな資料を集め、厳密に調べます。その最終的調査資料のもとで、列聖省の専門委員会を経て同省の枢機卿委員会での会議を通った後、教皇が列福の教令に署名し、列福式をもって「福者」と宣言されます。

■　聖人

「聖人」とは、生存中にキリストの模範に忠実に従い、その教えを完全に実行した人たちのことであり、神と人々のために、またその信仰を守るためにその命をささげるという殉教もその証明となります。福者の列に加えられた（列福）後、もう一つの「奇跡」が前提となり、福者と同様な調査と手続きを踏んで教皇が公に聖人の列に加えると宣言し（列聖）、その式（列聖式）はローマの聖ペトロ大聖堂で盛大に執り行われます。

　教会が聖人として公に認めるということは、天国の栄光の中にいること、全世界の人々がその聖人に取り次ぎを願ってよいこと、崇敬するに値し、世界中の全教会で公にこの聖人の日を祝うことになることを意味します。

　日本の教会に関係する聖人では、聖フランシスコ・ザビエルをはじめ、日本 26 聖人殉教者、聖トマス西と 15 殉教者、聖マキシミリアノ・マリア・コルベ神父がいますが、今でも彼らを崇敬するのは現代社会にあって福音的な生き方の模範になる人だからです。さらには今、神のもとにいる聖人が私たちのために執り成し、やがてはこの世を去るわたしたちが、神のもとで永遠の喜びにあずかるように祈るという「聖徒の交わり」を信じるからこそ、特に日本と深いかかわりのある聖人をこころから慕い、祈り求めるわけです。

日本のキリスト教界の反日にはバチカン枢機卿入りした故・白柳誠一のバチカンとの〈取引〉があるのだ。まさに白柳こそ、バチカン枢機卿になりたやにて日本の名誉を貶めた最悪の売国奴だ!

　日本カトリック「教会の戦争責任」については、1986年9月「アジア司教協議会連盟」総会が東京で開催された折、日本カトリック司教協議会会長（当時）故・白柳誠一大司教（当時枢機卿）が、

「わたしたち日本の司教は、日本人としても、日本の教会の一員としても、日本が第二次世界　大戦中にもたらした悲劇について、神とアジア・太平洋地域の兄弟たちにゆるしを願うものであります。わたしたちは、この戦争にかかわったものとして、アジア・太平洋地域の二千万を超える人々の死に責任を持っています。まさにこの世代の人々の生活や文化の上に今も痛々しい傷を残している‥‥‥この事実を率直に認めて謝罪します。」

と明言した。

　日本に於けるキリスト教界（カトリックもプロテスタント）はこういう戦後史観を持っている。カトリック教会の司教、枢機卿。カトリック東京大司教および教区長を長くつとめた白柳誠一（1928年-2009年）は、カトリック教会の司教、枢機卿だ。

　この人物こそ、実はいまの韓国・シナの反日運動を焚き付けた下手人ともいえる。1989年ごろから、しばしばシナ各地を旅行して、シナの教会でミサの冒頭、必ず日本が戦争で深い痛手をシナに与えたことの赦しを乞うたのだ。まさに朝日新聞の本田勝一記者と同じように振る舞ったのだ。

　数々の自虐的宣伝の中で、現在国益として最も問題となっている慰安婦問題の河野・村山談話に多大の影響を与えたといわれている。そしてその仕上げが2000年の「女性国際戦犯法廷」の茶番である。つまり慰安婦問題を根拠にして昭和天皇に有罪判決を下すというもので、プロテスタント信者である松井やより朝日新聞記者が首謀者であり、これに白柳は協力したのである。

　白柳の〈熱心な〉国際的ロビー活動はまさに取り返しのつかない日本の名誉毀損をもたらしたといえる。ナチスとバチカンが蜜月関係にあったことはこの書でも述べてられている。一説によれば戦時中のローマ法王の恥ずべき犯罪行為であるナチ協力を〈薄める為〉に、日本軍の「反人道的行為」を捏造・誇張・利用するために白柳をバチカン工作員として使ったというものだ。

　まともにあの戦争の真実を検証することのないかかる発言・行動妄想による暴挙といえよう。どれほど現在日本人の名誉が穢されているか、我ら日本人は怒りを持って糾弾せねばならない。

　さらに白柳がバチカンの枢機卿の地位を得たのは、上記のバチカンの〈後ろめたさ〉に迎合して、日本軍の犯罪をでっち上げ、これと引き換えの論功行賞だったと言われている。この白柳の弟子たちが、いまのカトリック界の〈反戦平和〉、直近だと左翼と連携して〈戦争法案反対〉なるスローガンで、近隣諸国の日本侵略の企みに呼応して、日本国家の抑止力を阻止しようとしている事実を忘れてはならない。まさにあのフランシスコ・ザビエルたち宣教師に呼応したキリシタン大名の〈反日〉の第二幕とも言えるのだ。

宗教が家族から信者を引き離す　〜世のオカルト集団に共通〜

　日本にある得体の知れない宗教と称するもので、とにかく信者

をその家族から引き離す事例が後を立たない。それは失踪事件にもなることが多々ある。オウム事件でもそうだ。他の信仰宗教でもそうだ。まさに宗教の危険性はここにあるのだ。知らぬ間に子供たちが、崇めるべき先祖や親をないがしろにして、教祖崇拝に変わり家に寄り付かない、そして学校も行かず、オウムのようにテロ事件を起こす最悪のパターンもある。

　さてキリスト教にもイエスが失礼きわまりない態度で聖母マリアに接する新約聖書の場面がある。

　一つはイエスが迷子になってジョセフとマリアが必死で探すが見つからない事件。それでやっと見つけて叱りつけたところ、イエスから鼻持ちならない返事がくる。

　ルカ福音書より：イエスをぶん殴ってやりたいこのマリアへの態度：
「02:48 両親はイエスを見て驚き、母が言った。「なぜこんなことをしてくれたのです。御覧なさい。お父さんもわたしも心配して捜していたのです。」02:49 すると、イエスは言われた。「どうしてわたしを捜したのですか。わたしが自分の父の家にいるのは当たり前だということを、知らなかったのですか。」02:50 しかし、両親にはイエスの言葉の意味が分からなかった。 02:51 それから、イエスは一緒に下って行き、ナザレに帰り、両親に仕えてお暮らしになった。母はこれらのことをすべて心に納めていた。」

　ヨハネ福音書より：同様　ぶん殴りたいイエスの面：
「02:01 三日目に、ガリラヤのカナで婚礼があって、イエスの母がそこにいた。 02:02 イエスも、その弟子たちも婚礼に招かれた。 02:03 ぶどう酒が足りなくなったので、母がイエスに、「ぶどう酒がなくなりました」と言った。 02:04 イエスは母に言われ

た。「婦人よ、わたしとどんなかかわりがあるのです。わたしの時はまだ来ていません。」02:05 しかし、母は召し使いたちに、「この人が何か言いつけたら、そのとおりにしてください」と言った。」

ルカ福音書：何たる母マリアへの不遜な態度

まさにこの態度は〈おいマリアとやら、わしは神の子であって神なのだ。てめえが母親面してわしにとやかく指図することはできない。神（イエス）に向かって失礼だ！と激しく母親をなじっているのだ。まさにこれが宗教共同体に入ると本当の親が親でなくなり、盲信者はまさに教祖やその共同体が自分への命令系統となってしまい、命令されるままに人殺しやテロをやりま

ヨハネ福音書：何たる母マリアへの不遜な態度

くる、まさに宗教とはこれだということを、読者は心に銘記すべき歴史の教訓なのである。

第7章

偽善教たるキリスト教

愛あいアイの虚しい合唱～愛も知らずして愛を語る論語読みの論語知らずのキリスト教聖職者信者ども

　キリスト教の称する〈愛〉の曖昧さについて、かつて偉大なニーチェが指摘し、これこそがキリスト教のトリックだと看破したのに尽きるが、教会関係者の説教に何から何まで愛愛愛……。まさに共産党の毛沢東語録を思い出すほど馬鹿げた言葉だ。

　だいたい愛など言葉で説明できない人間の、相手の人間に対する抱きしめたくなるような感情・同情・連帯の気持ちであり、当然〈愛〉の反対の〈憎悪〉も人間として当然の話だ。片っ端から敵も味方も愛愛愛……胸糞悪い偽善と欺瞞で、これもキリスト教を鼻からバカにする大多数の人間の存在がいるほどキリスト教の決めつけの〈愛〉なのだ。

　あの教会で聖歌に痺れている信者どもあい愛アイ、愛って何か分かっているのか。さらにこの連中は〈男女のノーマルな性的な愛〉まで邪悪なものとして退け、マリア様の処女懐胎など馬鹿げた、〈不潔な考え〉を植え付けたのだ。世の中の童貞や処女の猥談ほど、想像の世界の汚らしい不潔なものはない、日活ポルノ以上の不潔さがそこにある。それと同じレベルの汚らしい人間の感情なのだ。

　偉大な曽野綾子さんが昔、母校聖心のスピーチで〈愛は義務よ〉といい具体的には〈亭主の義理の両親のシイババ（糞尿処理）を気持ちが嫌でもやるのが愛だ〉と言い切った。あの頃は、両親を養老院（最近は最高級もあるが）に入れるなどとんでもない親不孝であり、まだ嫁が嫁いだ先の旦那の両親の世話をするのが道徳観で存在した頃だ。曽野さんがアフリカや極貧地域を危険や健康も度外視して人道支援のために回るのもその〈愛は義務〉という観点から言っているのだ。僕にはそれならよく意味が分か

るというものだ。アホみたいな空虚な偽善に満ちが愛あいアイ愛
やめてほしいのだ！

　さらに今のフランシス法王の直弟子で上智大学で教えている教
授神父が気色悪い〈愛〉という言葉を絶対に使わなかった。彼は
愛の代わりに〈人を大切にする〉その一語だ。この理解も分かる、
納得だ。

　キリスト教よ、インチキで内容のない〈愛〉に溺れるな！
〈愛〉は人間の義務だといいかえろ。そしてそれは教育勅語にあ
るような世界的普遍性のあることをきっちり行う行為が義務とし
ての〈愛〉であることを言いたまえ。抽象的な愛愛愛、セックス
を見かけにしろ毛嫌いする童貞の司祭や処女のマザー・シスター
が空虚に叫ぶ〈愛〉など決して愛ではない、それは妬み僻みから
の不潔極まりない日活ポルノを凌駕するアンチ・セックスの為に
する想像上の偽善と欺瞞の中身なしの最低の愛なのだ。

　https://www.footnotinghistory.com/home/the-papal-pornocracy（かつ
て中世酒池肉林のバチカン権力闘争　ポルノクラシーと呼ぶ）

現代キリスト教的〈生命の尊さ〉という欺瞞

　生命絶対主義を唱える現代のキリスト教、それは理由や原因を
問わず生命・イノチ・いのちの尊さを叫びまくる。まさに思考停
止状態だ。

　日本における生命至上主義の問題について福田恒存が『人間・
この劇的なるもの』にて的確にその欺瞞を描いている。

〈現代のヒューマニズムにおいては、死は生の断絶、もしくは生
の欠如を意味するにすぎない。いいかえれば、全体は生の側にの
みあり、死とはかかわらない。が、古代の宗教的秘儀においては、
生と死は全体を構成する二つの要素なのであった。人間が全体感

を獲得するために、その過程として、死は不可欠のものだったのである。私たちは、死に出あうことによってのみ、私たちの生を完結しうる。・・・逆にいえば、私たちは生を完結するために、また、それを完結しうるように死ななければならない。

　ヒューマニストたちは、死を単に生にたいする脅威と考える。同時に、生を楯にあらゆることを正当化しようとする。かれらにとって、単純に生は善であり、死は悪である。死は生の中絶であり、偶然の事故であるがゆえに、できうるかぎり、これを防がねばならぬと信じこんでいる。が、そうすることによって、私たちの生はどれほど強化されたか。生の終りに死を位置づけえぬいかなる思想も、人間に幸福をもたらすことはないだろう。死において生の完結を考えぬ思想は、所詮、浅薄な個人主義に終るのだ。〉

　そんな現代のキリスト教が騒ぐ〈生命至上主義〉とは逆に、このキリスト教の歴史2000年の間、単なる狂信的ドグマにおける神の名の下にそんな命を最も蹂躙してきたのはキリスト教そのものだ。未だにアメリカのキリスト教原理主義的テロリストが暗躍している事情さらには、キリスト教などが説く来世のための現世がいかに我々の生涯唯一の現世の人生を無駄にしているかを示している。さらに平和を障害してきた宗教の自己矛盾はお笑いそのものだ。

(1) キリスト教その他三大宗教が同じヤーヴェを崇拝する来世の滑稽さ

　キリスト教を始めとするこの手の宗教の特徴は今そこにある現世での人間を不可能に近い掟で縛り付ける一方において来世での蜜のように甘い生活を保証するところだ。僕は無神論者であり、もちろん来世など一切信じない。人間は命が潰えたやいなや灰と

いう物理的物質に過ぎず、魂の永遠など一切存在しないというのが当たり前の論理的帰結だと考えるが、キリスト教を取っても常に来世が最優先なのだ。人間が生を先祖のしがらみの性行為によって与えられた。この生の尊さを先祖に対して感謝の気持ちで接し、その唯一の生命体である自己がありとあらゆる努力をして自己実現することが人間の使命であると、まさに単純に考えるのが自然だと信じて疑わない。

　だいたい来世のためにこのリアルなここにある生命を生きる時、まさに虚構に過ぎない来世に優先権を与えて、現世をないがしろにする馬鹿げた生き方などあってしかるべきではない。まさに生命への冒涜であり、ヒューマニズムに真っ向から反する生き方である。とにかくこの手の宗教たるや、現世の物質的なものを軽蔑し、もちろん科学を蛇蝎のように嫌い、これは現世では貧困と阻害しか生まないこれらの教えを正当化するために喧伝しているにすぎない。そして近代の古代とは打って変わった豊穣の世界から見てまさに未だに古代の舟に刻んでいる姿しかないことが理解できない、まさに反社会性と断言できるのだ！

　例えば同じヤーヴェを神とするコーランには来世について下記のような絵物語が書かれている。

「83:25. かれらは、封印された純良な酒を注がれる。

47:15. 主を畏れる者に約束されている楽園を描いてみよう。そこには腐ることのない水を湛える川、味の変ることのない乳の川、飲む者に快い（美）酒の川、純良な蜜の川がある。またそこでは、凡ての種類の果実と、主からの御赦しを賜わる。（このような者たちと）業火の中に永遠に住み、煮えたぎる湯を飲まされて、腸が寸断する者と同じであろうか。

52:22 またわれは果物、肉、その外かれらの望むものを与えよう。

18:31. これらの者にはアドン（エデン）の園があろう。川が下を流れ、そこで黄金の腕輪で身を飾り、美しい緑色の絹の長い衣や、厚い錦を装い、高座にゆったりと身を託す。何と幸福な恵み。何とよい臥所よ

44:54. このようにわれは、輝いた大きい目の乙女たちをかれらの配偶者にするであろう。

55:70. そこには素晴しく美しい乙女がいる。」

　一体なぜ現世では極度の禁欲を説く宗教が来世にはまさにエピキュリアンの人生があるのか、理解に苦しむ。つまり来世がこういうものだと記載すること自体、実は記載した側にこの世界、つまり酒あり豚あり処女ありが最高の世界だと考える自己矛盾があると考えるのが素直だろう。

一神教の宗教こそが平和の障害だ

　古代からイエス以前からも崇める〈神〉あるいは〈神々〉についての争いこそが人類にとって最悪の殺し合いという戦争の原因となっていることは明らかである。共産主義や全体主義という、いわば〈ドグマ〉を絶対にする思想がある意味で〈神という偶像崇拝〉に置き換えれば、神が偶像崇拝であるから、これらの戦争も神を巡っての戦争と言えるのだ。
　日本の大東亜戦争も折口信夫によれば、むしろ積極的に〈一神

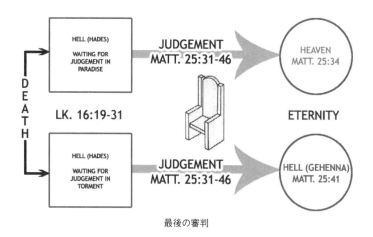

最後の審判

教の欧米対多神教萬の神々〉との戦いと取れば、戦後の日本精神の喪失はなかっただろうという考え方もあり、この戦争も神をめぐる戦争と仕分けしても異存はない。人間が絶対価値を求めた場合、必ずそれは排他主義に陥る。ヤーヴェの神を戴く三大宗教、共産主義、全体主義、シナの中華思想など、自分だけは正しいとの傲岸不遜こそ人類の虐殺の歴史であり、戦争である事は証明されている。

　歴史的に寛容という考えは種々あるし、イエス自身もこの寛容を説いていることも事実である。でも皮肉なことに、イエスの聖書を戴く、イエスの後継者が行ったキリスト教は、まさに真逆のことを人間社会に対して悪徳として行った事実はここでいちいち列挙する必要もないだろう。歴史を見れば明らかであるからだ。

　ヴォルテールの有名な言葉『あらゆる宗教のうちでキリスト教は、疑いもなく最も寛容を教えたはずの宗教である。しかし、現在までのところキリスト教徒は、すべての人間のうちで最も不寛容な人たちであった。』

　僕は〈寛容論〉を読んでヴォルテールに心酔した一人だ。下記の素晴らしい言葉再度、引用する。

"Je ne suis pas d'accord avec ce que vous dites, mais je défendrai jusqu'à la mort votre droit de le dire"

〈私はあなたの意見には反対だ、だがあなたがそれを主張する権利は命をかけて守る〉

　まさにこの寛容こそが、戦争のない世界を実現化させる人類の根本的態度であるからだ。

〈卑劣なヤツらを叩き潰せ〉という言葉を彼は合い言葉のように彼の書信の末尾に用いたという。この意味するところは、当時の社会を支配していた宗教的権威への隷従、迷信、宗教的不寛容を徹底的に告発する意図を籠めたものであり、あの〈寛容論〉の残忍なカトリック・プロテスタントの戦い、そのとばっちりの冤罪事件で残忍な刑で殺されたカラスの冤罪を晴らすヴォルテールのまさにアンガジュマンの戦いであったのだ。

〈寛容とは何であるか。それは人類の持ち分である。われわれはすべて弱さと過ちからつくりあげられているのだ。われわれの愚行をたがいに許しあおう、これが自然の第一の掟である。……われわれがたがいに赦しあうべきことのほうがいっそう明らかである。なぜならば、われわれはみな脆弱で無定見であり、不安定と誤謬に陥りやすいからである。〉

浦上の聖人＝偽善者永井隆という男　これがキリスト教のマゾヒズム　まさに自虐の全てだ。よくまあこんな発言ができるか？まさに被災者への冒涜だと言い返してやる。

「～　人を愛し，平和を願い，忍耐と奉仕に生きた　永井隆博士　～

　明治41年2月3日，島根県に生まれた永井博士は，医者を目指して長崎医科大学に入学し，卒業後は放射線医学を研究した。研究熱心な永井博士は，このころ治らない病気と言われていた結核を研究するために，一日に何百人ものレントゲン写真を撮るという無理が重なって，37才の時，白血病にかかってしまった。しかし，その後も病気の体をおして，熱心に治療と研究を続けていた。

　昭和20年8月9日，午前11時2分。長崎に原子爆弾が落とされ，この1発の爆弾で15万人もの人々が死んだり，けがをしたりした。この時，永井博士もこめかみの血管を切るという大けがを負ったが，「如己愛人」（自分と同じように人も愛する）の精神で，自分のけがの手当は後回しにし，生き残った看護婦を集め，自分が失神して倒れるまでの3日間，必死にけがの手当にあたった。

　ピカッ！その瞬間，愛する大学，学生，妻，研究してきた多くの資料は，すべて灰になってしまった。私は地獄へでも突き落とされたかのような絶望を抱いた。・・・・・が，その絶望は半日も続かなかった。それは，まったく新しい希望を抱いたからであった。その新しい希望とは，・・・・目の前に現れた新しい病気，これまでどこにもなかった病気・・・・原子爆弾症！この新しい病気を研究しよう！そう決めた時，それまで暗く圧しつぶされていた心は，明るい希望と勇気に満ちた。私の科学者魂は奮い立った。五体は精気を取り戻し，文字どおり立ち上がった。」～『この子を残して』（著；永井隆）より～

　その後，奇跡的に回復した永井博士は，しばらくは原爆の被害

報告書を書いたり，大学での研究を始めたりしていたが，病気は永井博士の体を確実にむしばんで，とうとう立てなくなってしまった。しかし，「腕や指はまだ動く。自分には書くことができるではないか」と，平和への強い願いをこめて「如己堂」で本を書き始めた。病気は日に日に悪くなる一方だったが，それでも永井博士は本を書くことをやめず，HB から 2B，さらに 4B へと濃い鉛筆に変え，最後はこするように一生懸命，本を書き続けた。永井博士が書いた「長崎の鐘」「ロザリオの鎖」などの本は，日本中の多くの人々に読まれ，感動を与えている。また，半紙 1000 枚に「平和を」の 3 文字を記して多くの人々に送り続け，遠くはヨーロッパやアメリカの人々にまで平和を強く訴えた。

　不自由な体で平和を祈り，本を書き続けている永井博士のもとには，ヘレン・ケラーさんをはじめ，外国からも多くの人々が励ましにやってきた。こうして永井博士の平和への願いは，世界中の人々にますます知られるようになった。

　また，永井博士は，焼け野原になった長崎の町に，「平和を」「如己愛人」の思いを込めて 1000 本の桜を贈った。

　昭和 26 年 5 月 1 日，ついに病が重くなり，多くの人々に見守られながら 43 才の若さで亡くなってしまったが，永井博士の「平和を」の願いは，いつまでもいつまでも人々の心の中に生き続けていくことだろう。」

http://www.nagasaki-city.ed.jp/.../04%20nagai%20hakase.htm

　さてこの永井博士、ボランティア医師として原爆被災者の手当てで奔走した。そのいわゆるキリスト教的〈隣人愛〉を否定するどころか、その犠牲的献身活動だけを見れば、僕を含めて頭が下がることは言うまでもない。

　しかし彼のキリスト者としての発言は、全く被災者を子羊に喩

え、その死が人類の罪悪の償いとして（十字架上のイエスに擬えて）捧げたなどと、断じて黙っているわけにはいかない発言をしている。大体被災した人々は必ずしも少数派のキリスト者ではない、むしろ多数派として仏教や神道さらには無宗教も多くいたであろう。

　それを十把一絡げ（じっぱひとから）にしてキリスト教に仕立てて、勝手なキリスト教の論理で、〈被曝による生贄にしたホロコースト〉この絶対に許されない発言は、人間として日本人として許容できない。なんたる悪魔のような思想がこのキリスト教の根本だ。その内容はこういうことである。

「長崎で被爆したカトリック医師、永井隆は白血病に苦しみながら他界するまで、原爆投下の意味を信仰的に問い続けた。そして「人類の罪悪の償いとして」、浦上の地が「犠牲の祭壇に屠られ燃やさるべき潔き羔（こひつじ）として選ばれたのではないか」との結論を得た。イエス・キリストが全人類の罪を贖うために十字架上で死なねばならなかったのと同じく、長崎市民の命は人類に平和をもたらすための犠牲だった。だからこそ再び地上に原爆で死ぬ者があってはならない。永井は長崎が人類最後の被爆地であるように、そうした尊い犠牲の上に世界の平和が築かれるようにと祈った。そうした祈りはただ永井だけではない。1946年1月、アメリカでひとりのキリスト者が日本への原爆をこう意味づけた。

　憎悪によって造られた原爆が炸裂したとき、その破壊の凄まじさに世界は驚愕した。もし互いに愛しあわなければ、われわれの前にあるのは破滅である。（中略）ヒロシマ、ナガサキの犠牲者らの十字架から、世界に最後の救済がもたらされる。

　　現在、地上には世界を何十回も滅ぼせる核爆弾が貯蔵されている。〜〜」

　ふざけるなと大声で叫びたい！この悪魔のようなキリスト者ども！

第8章

ルサンチマン宗教

〈ルサンチマン〉こそユダヤ教とキリスト教に顕著な奴隷宗教を生み出したのだ

　フリードリッヒ・ニーチェの言葉：
「「神」という概念は、生の反対概念として発明された。 [⋯]「彼岸」や「真の世界」という概念がでっち上げられたのは、存在している〈〈唯一の〉〉世界を無価値にするためである。──われわれの地上の現実のための目標や理性や使命が存在する余地をなくすためである。

「魂」や「霊」や「精神」という概念が、それになんと「不滅の魂」という概念までがでっち上げられたのは、からだを軽蔑するためである。からだを病気に──「神聖」に──するためである。人生で真剣に考えられるべきすべてのこと、つまり栄養、住居、精神の食餌、病気の治療、清潔、天気の問題を、身の毛もよだつほど軽率に扱わせるためである！

　健康のかわりに「魂の平安」が持ち出されるが、──それは、懺悔の痙攣と救済のヒステリーを往復する周期性痴呆症なのだ！」

「神は死んだ」はまさにそういうキリスト教やユダヤ教の神を潰す意味でのキー・ワードだ。さてなぜこれらは奴隷道徳なのか？
　ニーチェによれば、宗教も神も、ルサンチマンという、僕がいうとすれば〈憐みたまえ〉を唱える人間が作りだした「妄想」にすぎない。戦っても勝ち目はないので、想像上の復讐で埋め合わせているだけの話なのだ。
　ニーチェは、それの根元はユダヤ教と言い切ったのである。ユダヤ教の歴史を見るとユダヤ人が最初に王国を築いたのは紀元前1021年のイスラエル王国である。その後、強国エジプト王国と

フリードリッヒ・ニーチェ

共存しながら、ダビデとその子ソロモンの治世で全盛期をむかえた。ところが、ソロモン王が死ぬと、内部抗争がおこり、王国はイスラエル王国とユダ王国に分裂した。

そして、ここからユダヤ人の苦難が始まる。まず、紀元前597年、南方のユダ王国が新興の新バビロニアに滅ぼされた。さらに、ユダヤ民族の支配階級が新バビロニアに連行されたのである。歴史上有名な「バビロン捕囚」である。

ところが、バビロン捕囚には副産物があった。ユダヤ人が新バビロニアの優れた文化に接することができたのである。中でも、重要と思われるのがギルガメシュ叙事詩（古バビロニア版あるいはニネヴェ版）である。後に、ユダヤ人が編纂する『旧約聖書』に、ギルガメッシュ叙事詩と瓜二つの部分があるのだ。

時間軸にそって説明しよう。バビロン捕囚から60年後、ユダヤ人に転機が訪れる。紀元前539年、アケメネス朝ペルシアがバビロンに侵攻し、新バビロニアを滅ぼしたのである。ペルシアは異民族に寛大な帝国だった。王キュロス2世の命により、ユダヤ人はエルサレムに帰還することが許されたのである。

その後、ユダヤ人は旧約聖書とユダヤ教を成立させた。その旧約聖書の中に、「ノアの方舟」というエピソードがある。じつは、それがギルガメシュ叙事詩の「ウトナピシュティムの洪水伝説」

のコピーと言われるものだ。バビロン捕囚がユダヤ教成立に一役
買ったのは間違いない。

　しかし、重要なのはそこではない。イスラエル王国が滅亡し、
現実世界で強者から弱者に転落したタイミングで、ユダヤ教が成
立したこと。しかも、その教義というのが「ユダヤ民族は選ばれ
た民である。絶対神ヤハウェを信仰せよ、そうすれば、神が敵対
する民族をすべて滅ぼしてくれる」。残念ながら、その後の歴史
をみれば明らかだが、神はユダヤ民族を救ってはくれなかった。
それどころが、第二次世界大戦まで、ユダヤ人の迫害が続いたの
である。

　そのユダヤ教の流れをくむのがキリスト教だが、初めから苦難
の連続だった。創始者イエス・キリストの受難から始まり、その
後も、ローマ帝国で迫害されたのである。キリスト教は、当初か
ら、強者に立ち向かう術を持たなかった。イエスの最期の言葉か
らもうかがえる。イエスは、ゴルゴダの丘で手と足にクギを打ち
つけられた時、こう言ったという。

「ルカ 23:34〔そのとき、イエスは言われた。「父よ、彼らをお
赦しください。自分が何をしているのか知らないのです。」〕」

　自分を殺そうとする敵をかばうのだから、慈悲深くみえる。し
かし、見方を変えれば、勝ち目のない敵を馬鹿にして蔑むことで、
自分を上に置く、欺瞞ともとれる。このように、現実では勝つこ
とのできない弱者（キリスト教徒）が、精神世界での復讐のため
に創り出した価値観を、ニーチェは「僧侶的・道徳的価値観」と
名付けたのだ。

　そして、このような卑屈な負け惜しみをルサンチマンと呼んだ
のである。つまり勝ち目のない惨めな現実から逃れるため、自己

を正当化しようとする願望が「奴隷精神」、その手段が「奴隷道徳」なのである。そして、「奴隷道徳」こそが人間を堕落させたのだとニーチェは言うのだ。ニーチェが偉大なのは単に神を否定したのではなく、人間がどう生きるべきかを示したのである。それが「超人思想」なのだ。

第9章
キリスト教への違和感
～キリスト教芸術というプロパガンダ、プライドなきケノーシス思想～

.

そもそもキリスト教芸術など存在しない。偉大な芸術家レオナルド・ダ・ヴィンチに見るキリスト教批判

〜偉大な芸術家だから偉大な作品ができたのであって、キリスト教が偉大だから偉大な芸術を生んだのではないのだ〜

　ウオルター・アイザックソン著〈レオナルド・ダ・ヴィンチ〉は興味深い。

　アイザックソンはアメリカの作家でフランクリン・ベンジャミンの伝記の他スティーブ・ホッブズの伝記を本人から依頼され書いたので有名である。ホッブズが天才と尊敬していた今回のこのダ・ヴィンチの伝記上下を読了した。結論としてこれほどこの天才を理解できる著書はないほど面白く読み出したらやめられない魅力の本である。

　実際この伝記で描かれたダ・ヴィンチの生涯の映画化が決まっておりレオナルド・ディカプリオが主演するらしい。つまり映画化できるほど、それは伝記にありがちな単なるヨイショではなく、緻密に科学的にも芸術学的にも的確に判断しながらこの天才を描いているのだ。

　ジョッブズが尊敬しただけあるこの天才（天才というより努力とその観察は科学的なことを宗教的思想より上に置いた点でこの時代の近代的発想として、その飽くなき探究心と感性が天才的だということで、天才とはポット生まれ持った能力ある人間ではないことが大切なのだ）ここでは省略するが何故ダ・ヴィンチが偉大かこのアイザックソンがアメリカ流に箇条書きにして書いているが、その通りだと納得できる。

　2019年に僕はイタリア語習得のために3月に四週間ほどフィレンツェに滞在した。今までショート・トリップでフィレンツエ

に何回も行っているが、語学を習得する目的で四週間暮らすことにより、とても自分の感性の刺激となりルネッサンスの偉大さを身近に感じ取り、興味を持った次第だ。まさに現場主義だ。

　特にこの本にはないが彼が描いた受胎告知については諸論があり、僕は斜めから見たカトリック批判、すなわちあり得ない綺麗事の偽善と欺瞞のキリスト教の教義の中心と言える処女懐胎について、ダ・ヴィンチが精一杯当時のカトリックに対して抵抗したものとしてみるとき実に面白いことで、ひょっとして彼は無神論者のはしりではないかと、そしてグレコ・ローマンの復活を目指したルネッサンス運動もキリスト教の影響だということではなくて、ダ・ヴィンチのような科学的正当性から見た人間賛歌ではないかと感じ取り、この書物を書店で見つけアメリカでベストセラーだということで購入したのだ。

　くだらない、まがい物の作家の推理などで描いた最後の晩餐を主題にしたイカサマ三文映画は記憶に新しいが、この本は近代的思想から克明に人物像を描いており、説得力があるのだ。ただ著者は僕のように彼を無神論とは断定はしていない。しかし彼がカトリックの嫌う人体解剖により人間の体の仕組みを知り、それを科学的論理的にスケッチしている。彼は聖書が禁止する徹底的同性愛者である。彼はノアの洪水を科学的にあり得ないと否定している。

　彼が最後マリア様に捧げた人生だと書いた風に遺書が改ざんされているが、カトリックお得意の改竄であり全く疑わしい。かつ彼も処世術に長けており、金を出すものは拒まずに歓迎し、それどころか金を求めるのも、彼の合理的プラグマティズムである。

　水の流れ河川の研究、人体の解剖による研究、遠近法、建築、芸術なる彫刻、絵画あらゆる分野にオールマイティの彼が代数学だけは苦手で幾何学的発想に長けていたと書かれているが、まさ

に僕の経験から話はそれるが、受験で理系か文系か悩む学生は多いが、いわゆる高校の数学で代数学中心の成績が良くてもダメであり、むしろ幾何学の好きな学生が理科系と僕は決め付けている。それにプラスするのは物理が得意な学生だ。つまりダ・ヴィンチは理系の頭脳なのだ！

　ダ・ヴィンチの俗物性がさらに魅力に加わる。資金力が必要なことは彼は現実主義者として心得ており、見事な社交術であの悪の巨頭ボルジア家に取り入り、レオ10世に取り入り、最後の余生はフランシス1世に取り入った。芸術や学問を全うするために金がないと、いくら純粋性を叫んでも無駄だと彼は分かっていたのである。

　この本は後輩のミケランジェロとの天敵なるライバル意識も描いている。ミケランジェロはカトリックの信仰者、しかしゴリゴリの聖職者を重ね合わせるような哲学なき単細胞であり、何の人間的魅力もない真面目人間だから、ダ・ヴィンチの老獪さとは比較にならない小物であることが分かる。言いたかったのは、キリスト教が偉そうに西洋の美術はまさにキリスト教のおかげだと言わんばかりだが、これこそ全くデタラメな仮説であり、それはダ・ヴィンチの生涯を見れば明らかである。

　資金力が豊富だったカトリックの〈御用芸術家〉になって、それを利用し、自らの腕前を鍛えて行ったのがルネッサンスを頂点とするこの手の芸術である。信仰が深かったから素晴らしいプロパガンダ作品ができたなどということではない。彼らがユダヤ教やイスラム教に雇われていたらそれなりに偉大な芸術品を創造したはずだ。

　さて主題であるダ・ヴィンチのキリスト教批判の如実に現れた〈受胎告知〉の名画、まさに〈処女懐胎〉を嘲笑う作家の悪戯・小細工がこの絵の各所に散りばめてあるのだ。

左が天使ガブリエル　右が聖母マリア

　この配置は受胎告知を描いたほとんどの作品で、天使が左に、聖母マリアが右側に描かれる。例外はエルグレコだけである。

　天使ガブリエルは、右手で聖母マリアへの祝福の意を表し、左手では聖母マリアの純潔の象徴である白百合を捧げている。

　白百合は、このレオナルド・ダ・ヴィンチ「受胎告知」に限らず、ほとんどの画家は、これを聖母マリアの純潔・貞操を象徴するとして、ある種のルールのごとく絵画の中に出てくる。

　問題はレオナルドの白百合におしべがあり、そして窓から見える風景は開放的な庭がある。謎解きはなんだろう？

　聖母マリアの白い百合の花が宗教画に描写される場合、男性を象徴する〈雄蕊・おしべ〉は描かれないのが常だが、レオナルド・ダ・ヴィンチ「受胎告知」に描かれた白百合をよく見ると、ちゃんと〈雄蕊・おしべ〉があるのだ。

　このダ・ヴィンチの白百合にこそが、セックスを汚らわしいものとした、偽善と欺瞞の教会へのせめての抵抗だったと言えるのだ！

　22 聖母マリアの純潔・処女性を暗示する要素として、「閉ざされた庭」が受胎告知の定番が、何か閉ざされた空間の中に描かれているものが多いが、ダヴィンチ「受胎告知」では、一見周囲がフェンスで囲まれているようにも見えるものの、天使ガブリエルの手元の奥を見るとフェンスがなく開かれた部分があり、奥の風景へ繋がっている。しかもそこへ、見え見えの〈雄蕊・おしべ〉がある白百合が重なって描写されているのだ。

　レオナルドの抵抗は最高だと思う。性交渉なしに子供が生まれるはずがない！大体マリアは、その時すでに大工のおっさんと結

ダ・ヴィンチ作「受胎告知」

婚してるのに、いまだに乙女だと言い張る教会。全て子供騙しの
大ウソを平気でシャアシャア語る厚顔無恥の嘘つき体質の精神構
造。まさにスターリン、毛沢東と同じ全体主義組織なのだ！さら
に滑稽なのはこんな馬鹿話を最もらしく議論する神学をやる人間
どもの知能程度の低さ。マリアの純潔をいうために、赤ん坊のイ
エスは膣道を通過していないというのだ。僕に言わすれば、そう
いう風に考えるてめえらこそ淫猥で不潔な妄想にかられた薄汚い
と言いたいのだ。

生理的嫌悪感のケノーシス思想〜〈自力と責任を尊ぶ日本人〉侍_{さむらい}思想と100％異なるプライド無き人生

　僕は神学を勉強している中で教会にも数回行った。特にカト
リックにとっては、教会は天上の神と地上をつなぐイエス・キリス
トの根源秘跡としてキリストの体そのものであり、信者はその構
成のパーツとして一致して信仰を高める場である。まさにイエス
は各教会に「現存」するのである。教会は目に見える地上の救い
のしるしであり道具である。カトリックにとっては、教会共同体

なくしてはありえない。

　そんな教会だが、僕にとって違和感を感じるのは、ミサでの教会構成員の合唱する「栄光の賛歌」のなかの「世の罪を除きたもう主よ、われらをあわれみたまえ。世の罪を除きたもう主よ、われらの願いを聞き入れたまえ。父の右に座したもう主よ、われらをあわれみたまえ。」このあわれみたまえは『フィリピの信徒への手紙』における

「02:06 キリストは、神の身分でありながら、神と等しい者であることに固執しようとは思わず、02:07 かえって自分を無にして、僕の身分になり、人間と同じ者になられました。人間の姿で現れ、02:08 へりくだって、死に至るまで、それも十字架の死に至るまで従順でした。02:09 このため、神はキリストを高く上げ、あらゆる名にまさる名をお与えになりました。02:10 こうして、天上のもの、地上のもの、地下のものがすべて、イエスの御名にひざまずき、」

　この自分を無にするというキリスト教用語でケノーシス、つまり人間は創世記の神の似姿にたちかえるべく、神に自分を無にして従順に生きるということである。よく言えばこれはキリスト者の謙遜といえるが、僕にはまさに自己責任を棄てた他力本願者に見えてならないのである。現世の人間の本能は自我であり、競争心であり、そして自分を成就する意欲と力と自己責任である。僕が「あわれみたまえ」に生理的違和感を感じるのはそこにある。

　上記が第一点とすれば、第二点は「愛」についてである。以下はマルコ福音書の有名な箇所だ。

「01:15 「時は満ち、神の国は近づいた。悔い改めて福音を信じ

なさい」と言われた。」

　これは人間の決断つまり回心（メタノイア）それはそれまでの
あらゆる生活態度を改めて神にたちかえること、それは信仰に生
きることを意味する、そして神の無償の一方的な愛に答えるべく
二重の掟と呼ばれる「神への無上の愛」と「隣人愛」とその行動
である。前者については理解できる。しかし「隣人愛」の「愛」
について、僕にはキリスト教の唱える愛が今ひとつ理解できない
のである。
　ニーチェはその著書『ニーチェ全集〈5〉人間的、あまりに人
間的1』(ちくま学芸文庫)で、次のように述べる。

「「愛」という言葉、それはキリスト教がそれ以外の宗教にまさ
って持つ、世にも巧妙な策略はただ一語である。つまりそれは愛
について語ったのだ。こうしてそれは抒情的宗教になった。（し
かしその一方でセム族の精神はそれと別の二つの創造物として、
英雄叙事詩的宗教（ユダヤ教、回教を指す）を世に贈った。愛と
いう言葉にはひどく曖昧なもの、心をそそるもの、思い出に、希
望にかたりかけるところがあるので、最低の知性や冷静極まりな
い心の持ち主ですらも、この言葉が持つ輝きのいくらかは感じる。
そういうときには世にも怜悧な女でもこのうえなく卑俗な男でも、
彼らにあっては愛（エロス）が低くしか飛ばなかったとしても、
それまでの全生活で比較的にもっとも無私でいられたおりおりの
ことを思う。両親、子供あるいは愛人の側からの愛のなさを嘆く
あの無数の者たち、そしてとりわけ性的なものが昇華してしまっ
た人間たちは、キリストのなかにいい見つけものをしてきたので
ある。」

　まさに僕にはこの箇所が引っかかるのである。もしキリスト教の愛が、人間の道としてのマナーとして、心の中で嫌いな隣人にも嫌いな隣国にも、紳士的に対応し感情をださないと、つまり見かけの愛としての義務なら理解できる。カトリック者である曾野綾子の考えはそうではないかと考えている。しかし教会としてはそうは考えないのではないだろうか。信仰心により祈りを重ねれば、自ずと隣人を愛するような聖霊が恵みのように人間の心に湧いてくるのだというのだろうか。僕には理解し難い。

　次の点として、キリスト教の「救い」という意味が今ひとつ理解できないのである。まさに「救い」としての教会は目に見える救いのしるしであり道具である。しかし「救い」とは僕は二つの範疇があると思える。つまり現世のそれである。イエス・キリストが「神の国」を宣言し、底辺の差別で苦しむ人々や貧しい人々に、分け隔てない愛を示すことを自ら行動により実践した。それは数々の奇跡物語における病人の癒しやパン・魚の充満や嵐の静まりなどがある。それは目に見えるしるしであった。偶像化された正体不明のマザー・テレサが貧困国の中で自らを呈して献身したとテレサをもう愛する人々がいうところのテレサの”Love in Action”である。

　一方まさに「神の国」において至福直観を得るためにキリスト者は信者として帰依するのである。犯罪組織マフィアにカトリックが多いのは、彼らが意外にナイーヴなところがあって、地獄をひどく恐れるらしいということを聞いたことがある。まず来世が意識されているのが、宗教の本質である。輪廻転生、天国での現世の最大の欲望の満足、そのための功徳や犠牲など。僕には実はこの「救い」は自分自身が、自分だけを信じて、自分だけの実力で生きる、そしてこの人生を全うするという人生観において、何か超越的なものに頼るという考えが理解できないのかもしれない。

僕自身の倫理観において、この人生を最高に生きることが天命だと考える。

　第四点はまさに霊性について、その存在が理解できないのである。まさに祈りである。僕は祈りなど行ったことはないので、その世界、つまり祈りから得られる霊性の世界の経験や神体験など人生で一切ない。そんな理由で、ある意味で身も蓋もない議論かもしれない。

『キリスト教の本質』にてルードヴィッヒ・フォイエルバッハは宗教について、それは神や超越の次元を人間の自己意識の投影だと見なし無神論に心理学的証明を与えた。投射説（Projektions Theories）であり、神信仰と疎外 (Entfremdung) を唱えた。

　宗教は人間による自己自身との分裂である。すなわち人間は自己対立する存在として神を自己に対置する」「宗教は無限なものについての意識であり、従って宗教は、人間による自己の本質についての、すなわち有限ではなく制約されていない自己の本質、いな無限の自己の本質についての意識である。宗教はそれ以外の何ものでもなく、それ以上のものでもない。本当に有限な存在は、自己からかけ離れたものを理解したり予感したりすることはできないし、ましては無限な本質についての意識などはもってはいないのである。というのは、その存在の無限はまた意識の限界でもあるからである。

　この点について、僕が上智大学大学院の前期博士課程の講義〈基礎神学〉のレポートで、岩島忠彦教授に提出した自由論文『神認識についてカール・バルトを中心に』を当時、同教授が激賞（もちろん評価 A）してくれ、自ら「君のレポートはクラスで最高点の評価を与えた」と鼓舞して頂いた思い出があるので、巻末に付録１として掲載した。

あとがき

キリスト教研究と本を書くきっかけ　祖父の存在

　僕がなぜ斯様にまでキリスト教に対する危機感を訴えるか、そのきっかけとなったものは何かなど、振り返ってみよう。

　まず神学に興味を持った理由は、僕の祖父の伝記と言える『評伝　奥山春枝　近代起業家の誕生とその生涯』（慶應義塾福沢研究センター叢書）を慶應義塾福沢研究センターの元所長の坂井達郎名誉教授に、家に残る歴史資料などを一括お渡しし、執筆願ったのがもう 10 年近く前だったと記憶する。その中で先生より、「奥山春枝氏はキリスト教教徒だったんですか？」などと聞かれ驚愕したことを記憶している。

　なぜなら僕が育った春枝の長男春彦の家庭では、化学者（大阪大学理学博士）、科学的かつ論理的に立証・説明できないものや説明は一切父親が認めないという、まさに〈家訓〉と言えるものがあり、僕も忠実にそれを守り、物事を科学的・論理的に考察する訓練を受けてきた。父親にすれば〈理科系にあらずんば、人に有らず〉との家風であり、母親が宗教、迷信、非論理的な議論をすると、さっと顔色が変わり不機嫌になり、時には怒りを爆発するほど激しく、そんな家族の雰囲気で育ってきたから、その僕の祖父にあたる春枝がキリスト教と関係深いなどあり得ないと思ったからだ。

福沢諭吉

　春枝は慶應義塾の福沢諭吉の最後の弟子と言えるジェネレーシ

ョンである。少年時代の福沢の有名なエピソードに、仏像に小便
をひっかけて、それに対して天罰がないのを確認したり、地域の
人が信仰している地蔵の石とその辺りに落ちてる地蔵の石をすり
替えて大人が、仰々しく石を拝むのを眺めてバカにして笑ったり
する悪餓鬼時代がある。

　坂井先生に聞いても福沢は、無神論者と言っても間違いないと
のことで、春枝もそのような合理主義思考で慶應にて教育を受け
たと信じていたからだ。父親も仏滅に結婚式をやるといえば大賛
成、家相など糞食らえ、わしが死んだら坊主の類など迷惑だから
こいつらを葬儀に呼ぶな、焼いた遺灰はばらまけ、そしてもし家
族の一員がオカルト的宗教など話をすると、その怒りは怒髪天を
衝く勢いだったことを思えば、キリスト教徒など我が家では絶対
にあり得ないとの思い込みがあった。そんなはずはないと坂井先
生に断言したが、先生の資料を基にした説明を聞くと、士族の家
に生まれ徳川直轄の上山藩主だった松平家の殿様に仕えた先祖を
持つ奥山家は、薩長の政策のため貧困家庭に落魄れ、曽祖母は針

子をしながら春枝を育て、その美談が知事に表彰された。

ミッション・スクール東華学校と同志社　新島襄

　その春枝が親類の居る仙台にて当時同志社のミッション・スクールとして姉妹校だった東華学校で英国からの先生方にキリスト教や英語を学んだという事実である。ちなみにウイキペディアによると東華学校とは：

「東華学校（とうかがっこう）は、1886 年（明治 19 年）に宮城県仙台区（現仙台市）の清水小路に開校したキリスト教系男子校である。1892 年（明治 25 年）に廃止された。

　仙台東華学校は、明治中期に仙台で次々と設立されたキリスト教系諸学校の草分け的存在であり、当時の宮城の私立中学校の中で最優秀の学校であった。辛未館 - 官立宮城外国語学校 - 官立宮城英学校 - 県立仙台中学校 - 県立宮城中学校と引き継がれた県立宮城尋常中学校が（旧制）第二高等学校尋常科の設置に伴い廃止された同年の 1886 年（明治 19 年）に、同志社の新島襄が富田鐵之助（のち日銀総裁）、松平正直（当時宮城県知事）の援助を得て設立したものである。

　初代校長は新島襄。「SEEK TRUTH AND DO GOOD（真理を求め善をなせ）」をモットーに設立されるも、1889 年（明治 22 年）秋に副校長市原盛宏が米国に留学し、さらに翌年新島が死去したことで学校運営は迷走を重ね [1]、1892 年（明治 25 年）に廃校。生徒や学校設備は宮城県立尋常中学校に編入された。一力健治郎、真山青果、山梨勝之進などを輩出し、現在では「仙台の教育の原点」とも言われている。

　なお、斎藤秀三郎は辛未館 - 宮城英学校に、郷誠之助（実業家）、菅原通敬（大蔵次官 (1915-)）らは、仙台中学に在籍していた。

1932 年（昭和 7 年）、跡地に「東華学校趾碑」が建てられた。」

　春枝は、この学校でキリスト教の影響を受け、実はそのあと同志社に進学するため京都に行きたかったという。しかし仙台から京都の交通費は仙台から東京の二倍、その資金がなく東京で途中下車をし、東京工大（当時蔵前）に入学したが数ヶ月で退校し、福沢の門を叩き慶應義塾に入学したということだ。その後詳しくは省くが鉄道省や日銀を経て金融業に転進、大阪にて独立したのである。祖父は死ぬまで、キリスト教信者にはならなかったが、そのキリスト教への興味が見られるのは、僕の伯母たちを神戸女学院や小林聖心に入学させたことに表れていると言える。

上智大学神学部とパリICPで神学を学ぶ

　そんなことを初めて知った僕は、生まれた時には既に鬼籍だったが、尊敬する祖父がなぜキリスト教に惹かれたかを、60 歳前半、是非調べたく上智大学神学部にて 3 年過ごし修士課程も終え修士号を取得したのである。その後すぐに 9 月からパリのカトリックの名門校 ICP 大学院に一年留学した。フランスに来て名門校の ICP にて出会ったのは、ほとんどの生徒たちがフランスが宗主国だったアフリカ、アジアの土着の若者がエリート神父としてフランスで箔をつけるべく勉学している姿だった。ある時このアフリカの神父が、学校の教務主任に対して〈何故フランス人はこの学校にいないのか？〉と質問し教務主任がしどろもどろだったことを思い出す。

　何が言いたいのか。つまり今やフランスのみならカトリックの総本山とも言えるスペイン、イタリア、ポルトガルさらに南ドイツには最早カトリックいやキリスト教を有り難がる白人はいないということだ。まさに土着の人間はシャーマニズム的思考を素直

に受け入れるから神父の地位を忠実に果たすだけのことだ。

　普通の近代人の頭脳構造を持っていれば、キリスト教の他いかなる呪い宗教などを信じる訳も無い。あのアウグスティヌスの〈まず信じなさい、そうすれば真実がわかる〉など

パリ・カトリック大学にて

非近代的非論理性の押し付けなど通じるわけがないのだ。そんなわけで、この書の冒頭このオレオレ詐欺と同じ古代の押し付けがいかにグロテスクな化石であることを述べた。

キリスト教の排他性

　僕がパリを入れて4年間神学を勉強した総括は、キリスト教のみならず宗教そのものが人間の救いなどに何の役にも立たず、むしろ宗教間の排外主義の存在の方が人間社会の和を破壊する強烈な障害だということが良く分かったということだ。

　まさに前時代的なグロテスクな儀式、グロテスクなキッチュ（俗悪な）な偽善と欺瞞の芝居気たっぷりのこの手の宗教に嵌った人々の反知性の姿、はっきり断言できるのは、宗教が人間を救うなど絶対にあり得ない、人間を救うのは科学や論理思考であり、

突然飛躍がある超越の世界などまさに最悪の、野蛮な古代人の発想であり、こういう論理の流れ・時代の流れを突然切断する世界こそが、超越の世界こそが、人間を悪魔にする。まさに近代史のヒトラーの世界、スターリンの世界の必然性だということが分かったのだ。気の狂ったような憎しみの世界、未だにダーウインの進化論を否定するオカルト組織、気の狂ったような差別主義であるKKK、すべてキリスト教が元凶のオカルトの根源なのだ。近代合理主義にて学ぶ普通の現代人はすでに超越の世界は通用せず、突然の妄想やあり得ない奇跡など絶対に受け入れられない世界なのだ。

　僕が本書を書いた動機は祖父への尊敬であるが、実はまさに現代の寛容や今や最も大切な原点の自由を阻害するのは、かかる宗教群だということが言いたいのだ。ある精神病院で雨が激しく窓を叩く音がした。患者は神の訪問のノックだと言い張る。まさに神を信じるのは、このレベルの妄想や思い込み精神障害によることは明らかだと言うのが僕の考えだ。

宗教側の特権など振り回すな　差別されているのは通常人だ

　さて僕がキリスト教を勉強した経験では、この宗教、特にカトリックの儀式のグロテスクさは本書でも克明に述べた。僕が日頃怒りを感じるのは、宗教側は〈信条の自由、宗教の自由〉をまさに切り札のように、一切の批判を許さず、批判が出た時は〈著しく宗教を信じる我々の心を傷つけた〉と特権があるかのごとく主張する。全くふざけた話であり、僕はこのように反論する。まずあなた方は税制上に優遇措置を受けている、これはまさに血税を払っている堅気の人間から見ればそのお陰で堅気の人間がより多くの税金を支払っているのだ。

驚愕の政府による宗教団体の保護

第1表　宗教法人数総括表

(令和元年12月31日現在)

区分	包括宗教法人	単位宗教法人						合計
			被 包 括 宗 教 法 人			単立宗教法人	小計	合計
所轄／系統	包括宗教法人	文部科学大臣所轄包括宗教法人に包括されるもの	都道府県知事所轄包括宗教法人に包括されるもの	非法人包括宗教団体に包括されるもの				
文部科学大臣所轄 神道系	123	22	–	1	66	89	212	
仏教系	156	175	–	4	142	321	477	
キリスト教系	65	42	–	1	219	262	327	
諸教	26	31	–	–	62	93	119	
計	370	270	0	6	489	765	1,135	
都道府県知事所轄 神道系	6	82,215	139	112	1,991	84,457	84,463	
仏教系	11	73,784	65	170	2,630	76,649	76,660	
キリスト教系	7	2,757	30	25	1,648	4,460	4,467	
諸教	1	13,711	–	8	383	14,102	14,103	
計	25	172,467	234	315	6,652	179,668	179,693	
合計	395	172,737	234	321	7,141	180,433	180,828	

　重要な問題だが、2019年時点での日本国内での宗教法人数は、国・地方を合わせて実に18万828法人にものぼる。これらの宗教法人は、普通の法人では逃れることのできない固定資産税や法人税を免除されるなど特別な優遇措置を受けている。前述した通り、これは間接的に、我々納税者の負担によってそれぞれの宗教法人が運営されていることを意味している。言い換えれば、宗教法人は一般国民よりも不当に安く社会資本などの公共サービスを享受しているのだ。

　これに関して青山学院大学の三木義一・元学長は、宗教法人側の主張を主に4つに分類する。

　（1）宗教法人は全て無税ではない。

　（2）固定資産税や法人税を取られたら大変なことになる。

　（3）宗教法人が多額の納税者になれば、税金の使い道への発言権が増すから政教分離原則に反する。

　（4）小規模の宗教法人が危機に瀕する。

　三木氏は、これら全ての宗教法人側の主張を認めたうえで、それでも宗教法人に対する「原則非課税」を見直し、「原則課税」に切り替えるべきと主張している。それは宗教法人の営利活動などの課税部分が増加することで煩雑な区分が必要になっていることや、多くの宗教法人は税金を払う代わりに多額の政治献金を行っているからというものだ（三木義一『税のタブー』2019年、集英社インターナショナル）。

　三木氏の結論は納得できるものがあるが、根本的には不公平感の是正が必要だろう。どんなに長閑な農村でも、土地に似合わず宗教団体（特に新興宗教）の施設だけは異常に巨大で立派な建物が建っており、これらは信者から巻き上げたお布施という莫大な利益の集体であろう。周囲に住む人たちもその不気味さを怪しんでいるに違いないが、この莫大に見える宗教法人の利益に対する「原則非課税」は、「公平・中立・簡素」の税の基本原則を著しく逸脱していると言わざるを得ない。

「原則非課税」の根拠として、宗教法人が国にできない公共サービスを提供しているという主張があったが、一体どこにそんな事実があるのか。もし宗教法人がそのような行為を行っていたとしても、彼らにとっては信者を増やすために必要な営業活動なのであり、これを以て「原則非課税」にする合理性があるとは言えないのである。

　ちなみに8年前の話で消費税が討議された頃の『週刊ポスト』2012年5月4・11日号があるが、そこでこんな記事がある。

　現代の情勢と比べて勿論変化はあるだろうが、その数字のマグニチュードから現代ならどのくらいになるだろうか検証ができるだろう。

　・・・・ウエッブサイトより引用

　消費増税議論がかまびすしいが、宗教法人への課税を強化すれば十分代替できる可能性がある。現在、全国に約18万2000あるといわれる宗教法人は、税制上、数々の優遇措置を受けている。

　お布施や戒名料など、宗教活動による収入（公益事業）は非課税。宗教施設に関しても、不動産取得税、固定資産税はかからない。寄付金を運用して得た利子や配当も非課税だ。

　さらに、宗教活動以外の営業（収益事業）でも優遇されている。一般企業の法人税率（国税）が30％であるのに対して、宗教法人は22％と低い。地方税も国税分をベースにして算出されるので、やはり一般企業と比較して優遇されるケースが多い。しかも、課税対象所得の2割を宗教法人本来の業務への寄付金として計上でき、控除を受けられる。

　ジャーナリストの山田直樹氏は、憲法学者で税法学の専門家である北野弘久・日本大学名誉教授（故人・肩書きは2009年当時）や税理士の協力を得て、一般と同様の課税をした場合の税収総額を試算したことがある。

「全国18万2000の宗教法人の所有不動産の推定から、固定資産税、不動産取得税などの税収は2兆円ほどと試算された。事

業収入の優遇税制をなくせば1兆円が上乗せされ、法人事業税、道府県民税、登録免許税なども一般企業と同じ扱いにすればプラス1兆円。合計で年間4兆円規模だ」

4兆円という金額は、消費税の国庫収入の2%分に相当する。宗教法人はそれほど優遇されてきたのだ。
・・・・・・・・・・・・・・

であるとすれば、この宗教団体の好き勝手な偽善と欺瞞に満ちた行動が反社会的であれば、当然批判の対象になってしかるべきであり、反宗教の立場の表現の自由、言論の自由は断固守られるべきだが、この宗教団体はそれを逆手に取り批判者を徹底的に憲法違反だと反論する。

全く絶対に受けられない論理であることは常識人なら分かるはずだ。現在の言葉狩の社会に置いて、権利を一方的に主張する側が、それを批判する側を〈差別〉だとか〈宗教の自由の侵害だ〉と開き直る。冗談じゃない、このような特権を享受している側が反社会的と判断する側が徹底的に糾弾し批判する自由が奪われている現状こそが憲法違反の状態なのだ。

〈カルトとオカルト〉

僕が懸念する宗教の化石のようなカルト儀式、まさに僕が〈カルトとオカルト〉の言葉の相違について有能なニューヨーク在の言語に厳密な弁護士に違いを質したところ、下記の英語の答えを得た。（簡単なので日本語訳は省略）

There is a significant difference between occult and cult. A cult is particular sect or group that follow a belief (often religious) and focus on certain rituals or practices known or shared only with believers. In some cases, we speak of a "cult of personality" when followers of an individual worship or adore and pledge allegiance to a particular individual. Occult deals more with a belief in or practice involving the "supernatural," or magical powers known only to a select few, and the belief in harnessing those powers.

When religion worships an individual, it can be described as a cult. If you remember the famous case when the FBI tried to raid the Branch Davidian cult in Waco, Texas, years ago (when Janet Reno was the Attorney General) it was described as a cult with its followers worshiping its leader, David Koresh. Occult is, to me, more like worshipping the devil, and belief in magic crystals, and seances to bring back the dead, etc.

要するに〈カルト〉というのは儀式的なつまりお仲間の儀式を指す、あくまでも個人的レベルの話である。ところが〈オカルト〉となるとその集団が悪魔的儀式で超自然的な行動や信仰を行うことである。ヒトラーのあの悪魔的儀式などを見ればその底に横たわるまさに反知性・反倫理の恐ろしい儀式を見るだろう。あの旧聖書を読むと、恐ろしい世界、それは人間のなしうる最悪の悪魔的行動を容認し、倫理らしきものは何一つないことを銘記すべきだろう。

現代の〈悪魔祓い＝エクソシズム〉と忌まわしい犯罪

カトリックに〈悪魔祓い＝エクソシズム〉という儀式がある。まさに人類の進化をストップさせる笑止千万というか恐ろしい儀式だ。ウェッブから調べると（Wikipedia）：
2世紀のキリスト教神学者、殉教者ユスティノスは、世界中で

生涯で7万件以上の悪魔払いをしたアモルト神父

キリストの御名の下に多くのキリスト教徒が非キリスト教徒の悪
魔払い師の癒せなかった人々から悪霊を駆逐してきたと述べ、キ
リスト教の悪魔払いは異教のそれとは一線を画しているとする。

　また『カトリック百科事典』には、神またはキリストの御名の
下に行われるキリスト教の悪魔払いは真に宗教行為であるが、民
族宗教のそれは呪術や迷信にすぎないとして、カトリックの悪魔
払いを異教の悪魔払いと混同して迷信と断ずることを批判してい
る。この手の人間は、自分のやることは正義であって、他者のす
ることは迷信だと言う常套句、まさに傲慢なるオカルト性を自ら
白状しているのだ。

　カトリック教会の「祓魔」は教会法で定められている準秘跡の
ひとつであり、イエスが教会に委ねた霊的権能に依拠するもので
あることがカテキズムで謳われている。現代科学では悪魔は存在
しないものと考えられており、悪魔憑きは精神疾患・幻覚等の全
て科学的・医学的に説明のつく現象であると考えられている。

　現代においても、悪魔払いを目的、または名目として、人を虐

待したり死に至らしめる等の事件が起こっている。

＊ルーマニアでは、2005年にルーマニア正教会の神父が悪魔払いのために尼僧をはりつけにするという殺人事件があった。

＊ドイツのアンネリーゼ・ミシェルの事件では、悪魔払いのために科学的医療行為を止めさせた結果、アンネリーゼが死亡したとして、両親と神父が過失致死罪で有罪判決を受けた。この事件を元にした映画が「エミリー・ローズ」である。

＊2010年、アフリカ、コンゴの首都キンシャサでは、キリスト教原理主義をうたっていると伝えられる新興宗教団体による子供たちへの悪魔払いと称する行為が問題となっている。

＊ナイジェリアにおいても近年、牧師を名乗る男や牧師の妻によって子供たちが魔女や黒魔術師と決め付けられ、悪魔払いとして火を点けられたり、釘を打ち込まれる等の虐待を受けたり、殺害されるという事件が起こっている。

＊フランスでカトリック系の神父が2010年に教員3人に対し、悪魔払いの儀式中に加重強姦、拷問、「残忍な行為」を行った容疑で2014年に訴追された。

　これらを見てはっきり言えることは、皆様〈オウム事件〉をオカルトと捉えることはできても、カトリックその他宗教集団の奇妙な通常の知性から理解できず科学的にも論証できないことを行なっているこれらの行為も〈オカルト行為〉とはっきり断定すべきであって、こんな反社会性がカトリックなどで行われていること自体、まさにテロリストを野放しにしているのとどこが違うのかと思うのが通常の常識を持った現代人だろうが・・・怒りに体が震える現実だ。

　カトリックの儀式のあのシスターの堅信式つまり体を十字にして床に伏せるあの儀式の恐ろしさ、もっと露骨な話だと司教や神

父があどけない少年や青年を自らの餌食としてソドミーに耽る悪徳の限り、まさに宗教法人として守られた世界がまさに変態的世界の権化となるこの恐ろしさ！

　こんなオカルトの世界に耽るキリスト教の人々を見ると、なぜこんな集団に税制優遇など必要かと怒りが込み上げるのだ。

現代ローマ法王フランシスコの愚劣な支那との妥協

　映画や種々グッヅで大いに宣伝され、途中退任した前法王の官僚的人間性に比べて人間味があるなどとチヤホヤされ、自らもボロ車を運転するなど、僕に言わせると、まさに偽善者の〈パーフォーマンス男〉そのものだが、世間は甚だしく誤解している。

　この男が昨年日本にやってきて、長崎その他を旅行したが、いく先々で日本を欧州の支配下に置くべく尖兵として日本を宗教侵略しようとした宣教師をたたえ、日本の中で謀反を企てた当時のキリシタンを絶賛した。失礼もほどほどにしろと言いたくなる。同じことを平気でするこの法王はまさに傲慢不遜のキリスト教の代表と言える。日本政府もこれには一切抗議しない、天皇も謁見する。日本外交がバカにされるのはこう言うところなのだ。

　この法王はさらに信者を増やす（民間だったら売上を伸ばす努力）ために支那の独裁政権・共産党独占政権に媚を売り、なんと地下教会でバチカンに忠誠していたカトリック信者を葬り、なんと国家が干渉する支那の教会と手打ちさせたのだ。驚くべき背任行為だ。こんなことをされては地下教会も生命の危機に瀕する。かつてヒトラーと平気で組んだあのピオ12世（ライヒスコンコルダート：Reichskonkordat）は、1933年7月20日にドイツとバチカンとの間で結ばれ、同年9月10日に発効したコンコルダート（政教条約）である。）に劣らない最悪の妥協をしたフランシ

バチカン法王が支那の赤色皇帝に屈服

スコ法王は歴史に残る愚劣な法王となるだろう。もう少し具体的に関連ニュースをここに書く。

(1) 2018 年の合意は本年 9 月 15 日 2 年間延長された。

　〜中国外務省は 15 日、キリスト教カトリックの総本山バチカン（ローマ教皇庁）と 9 月に期限を迎える司教任命の暫定合意を延長する方針で一致したと発表した。中国側が国内の司教候補者を選んでバチカンに通達し、ローマ教皇（法王）が承認する仕組みを続ける。

　記者会見する中国外務省の汪文斌副報道局長 =9 月 14 日、北京（共同）

　ロイター通信が暫定合意を 2 年間延ばす内容で中国とバチカンが合意したと伝えた。中国外務省の汪文斌副報道局長は 15 日の記者会見で「バチカンとの合意内容を引き続き良好に実施して

いきたい」と述べ、報道内容を事実上認めた。

（2）～当時の正論の論文をここに掲載する。

バチカンはなぜ中国に屈したのか　落とし穴だらけの接近と和解　　https://seiron-sankei.com/11153

産経新聞パリ支局長　三井美奈　『月刊正論』12月号

バチカン（ローマ法王庁）と中国は9月22日、カトリック司教任命権をめぐる暫定合意を発表した。1951年に断交した両者の「歴史的な和解」で、国交再開に向けて大きく踏み出した。だが、カトリック教会では、習近平政権がバチカンの「お墨付き」を盾に、信者に絶対服従を迫るのではないかという懸念があがる。共産党政権が宗教弾圧を強化するさなかに、法王フランシスコはなぜ対中接近を急ぐのか。

フランシスコ法王の対支那妥協の波及　反日として支那が使うだろう『正定事件』

西村眞悟元衆議院議員が懸念している支那が、現在、カトリックの本山であるバチカンとともに、昭和十二年十月九日、日本軍に占領下に入った中華民国河北省の城塞都市「正定」において、ヨーロッパ人の九名のカトリック神父が殺害された事件を、共産土匪が殺害したにも拘わらず、日本軍が殺害したものとして確定し、九人の神父に対して、カトリック教会で最高位の崇拝対象である「聖者」に次ぐ「福者」という名誉ある称号を与える動きが本格化している。

問題は、殺害された九人のヨーロッパ人神父のバチカンでの「列福審査」が、日本軍に殺害された犠牲者として、バチカンか

ら世界に、特に世界中のキリスト教心信者二十二億人に伝えられることだ。これは、キリスト教の総本山であるバチカンを利用して宗教の権威を悪用する最も悪質で卑劣な「世界的反日運動」である。この殺害の犯人は共産土匪であり、日本兵ではない！日本軍は行方不明となった神父達の救援捜索活動をしていたのである。

正定事件

日本国民が知らないままに、このようなおぞましい「世界的反日運動」行われている。この事実を歪曲した反日運動を阻止するために、やっと出版された次の書がある。

　峯崎恭輔『「正定事件」の検証　カトリック宣教師殺害の真実』並木書房

　この問題は、殺害された司教ら9人の列福運動がオランダで進んでおり、ルールモント教区の司教であるフランス・ウェルツは2013年3月23日、列福の可能性を調査するため、特別委員会を設置した。支那とオランダが2014年以来バチカンに働きかけている。まさにフランシスコ法王がこの問題で反日に手を貸すことを恐れるのである。

白柳誠一元枢機卿の売国人事の悪夢

　バチカンはヒトラーとの協定で、ユダヤ人ホロコーストで戦後

精神的責任を追求された。その際に本書にても述べたが、日本の東京大司教だった白柳誠一がバチカン枢機卿の地位欲しさ（1994年11月26日任命）のために、日本軍のありもしない残虐行為と謝罪をアジアで繰り返し、日本を貶めたのは、バチカンのヒトラーとの協力を薄める役割を自ら申し出たからである。

　同じような裏取引がバチカンと日本のカトリックの間でなされることを危惧するのだ。

バチカンピオ12世のヒトラー・ナチス協力

右が売国奴・白柳枢機卿

ポーランドにおける〈妊娠中絶手術禁止〉に対する大抗議行動

〈妊娠中絶〉は女性が男性と性の上で平等となる基本的権利は当然の話である。カトリックその他キリスト教の影響でこんな手術が禁止などと前時代的な悪弊がいまだに続いているとは信じられない現実である。それも暴行やそのまま女性の生命に関わる妊娠であっても禁止する国もある。この反対運動にポーランドの女性が立ち上がった。

　ニュース BBC: ポーランド憲法裁、ほぼ全ての人工中絶を違憲に 2020 年 10 月 24 日

　ポーランドでは毎年 1000 件ほどしか中絶が行わない一方、数万人の女性が国外で中絶を受けている

ポーランド女性の怒り

　ポーランドの憲法裁判所は 22 日、胎児に障害があった場合の人工妊娠中絶を違憲とする判決を下した。

　ポーランドの中絶関連法は欧州でも最も厳格な部類に入るが、今回の判決により、ほぼすべての中絶が禁止されたことになる。

　この判決が法制化されれば、人工中絶が認められるのは、強姦や近親相姦による妊娠だった場合、また母親に命の危険がある場合にのみ限られる。

　人権擁護団体は、中絶に関する制限を広げないよう政府に訴えている。

　色々まだまだ書きたいことはあるが、この男女平等や基本的人権がある意味で世界の普遍的原理として確立される中、かかる男女不平等の悪弊がいまだに残る、それもまさにキリスト教の〈神が人間を造った〉という化石のスローガンで、真顔で叫ぶのだから、このキリスト教やその他のオカルト性は救いようがない。

ポーランド女性の怒り2

パリICPでの僕の提案〈聖書の神話化〉こそ聖書が生かされる道だ

　クラスでたった一人の洗礼を受けていない非キリスト者（実は無神論者）の僕のような生徒は前代未聞であった筈だ。それでも我慢しながら、学校側も僕もあまり楽しくない時間を過ごしたのであったが、フランスで有名な神学者 Gagey Henri-Jérôme（https://www.icp.fr/recherche/lunite-de-recherche/les-membres-de-lunite-de-recherche/gagey-henri-jerome）が解釈学 Herméneutique という科目での講義の中で登場した。この解釈学は全体コーディネーターとしての教授は　Elbatrina Clauteaux という白人とは異なるエスキモーの雰囲気を漂わすエキゾティックな女性であり、先生の中で最もフェアーな人物だった。

　僕の意見も大いに尊重しようとする意味で、結構クラスで僕の

考えを面白いとか試験などで高く評価してくれた御仁だ。僕も、彼女との最初の対面でキリスト教者ではないとはっきり言いつつ、神学は上智大学ジェズイット系神学部で修士号を取得しており、自分はカトリックとか洗礼は一切受けてないが、信者であると頭のスイッチを入れ仮面を被って勉強すれば神学もそれなりに面白いなどと言いたい放題自己紹介したものだ。

さて彼女の解釈学の一環でこの有名教授 Gagey Henri-Jérôme が登場したのだが、彼へのレポートとして下記の仏語意見を提出した経緯があった。次の週の授業で彼が僕のところにやってきた。その時のレポートで僕は、近代科学・論理学でありえないと断定できる聖書を、そのまま受け入れるのではなく、一つの〈神話〉のように考え、その中にある人間としての倫理などを学ぶことが理想だと考える。これはドイツのプロテスタント学者であるブルトマンが提唱した〈キリスト教の非神話化〉というものがある。

特に集中して調べたわけではないが、ブルトマンの視点は今や科学の存在しなかった時代の観点から、舟に刻むような聖書の奇跡・超越的・反知性のあり方に問題があって近代人はついてこれない。自分自身もそうだったらキリスト者になっていないと語っていることからも、僕が提案することと本質的に変わらないと考える。特に言葉としての〈神話〉が、ブルトマンは〈非神話化〉と語り僕は〈神話化〉と提案していのであるが、これは定義の問題に過ぎなく、この〈非神話化〉と〈神話化〉は意味することは同じことなのである。

ブルトマンが〈非神話化〉で言いたかったのはありもしない当時の現実を現実的出来事として絶対化することが間違っている。つまり神話を実際の出来事と解することに無理があるし、近代人はついていけない、と言っているのである。

僕の〈神話化〉とはキリスト教がケリュグマ（磔刑から復

活・・ページ）やその他のイエスの奇跡（例えばパンや魚の量が4、5千人を満足させることができっこないのにできたとする奇跡や水をワインに変える奇跡、病気を治す奇跡、イエスの水上歩行、その他数々聖書にある）を本当だと真顔になって取り上げること自体、現代人は不可能だから、要するに日本神話（古事記など）、やギリシャ神話、北欧神話のような現代における位置付けに変えてしまえば、聖書に目くじらを立てて反知性や反科学やオカルトなどとイチャモンをつける必要もなくなり、それこそが〈神話化〉つまり神話として笑って過ごせば良いという考え方だが、ブルトマンはケリュグマだけは信じると考えているところが僕とは違うが（僕はイエスの復活も御伽噺の神話として片付ければという思想だ）結局言わんとすることは、科学がなかった時代と比べ現代は科学や論理学が近代人としての知性として全てその前提で日常が成り立つので、飛躍や奇跡などは聖書をオカルト書としてしまうということである。僕の考えですら、多分カトリックとしての ICP では開校以来初めての〈異端的〉の提案だったのだろう。

　さて当人、僕の顔を見るなりニコニコ顔で部屋に入って僕を呼びつけ〈前回提出したレポート持ってるか？　君のレポート大変面白いので気に入った〉というので今は持ってません。そこにエスキモーおばさんが現れ、彼女に〈OKI（僕の渾名）のレポート持ってるか？〉とたずね〈持ってきました〉と答えているではないか。

　そこで授業の冒頭から僕のレポートの骨子を皆の前で紹介。つまり僕のレポートは、信仰に於いて三日間の出来事（磔刑から復活、いわゆるケリギュマ）を信じるものがキリスト者だが、それに異を唱える異端の意見である。

　聖書を、そもそも近代の超越なき飛躍することのない世界で、

最初から御伽噺話として神話化するのが良い、それによって神話として見れば、遊び心で目くじらを立てずに青筋を立てずに、鷹揚に構えて、読めば、聖書も価値ある展開もあり納得できるということだ。教授は僕の顔を見ながら、これはこういう意味だよねといちいち僕の了解を求めて来て気恥ずかしい限りであった。

　そしてその上でOKIの意見に対して皆（全て聖職者）どう思うかと意見を聞く。ここに教授の悪意はないし、僕のレポートを出汁（出し）にして、僕を魔女裁判で血祭りにあげる類のものでもない。そこにはこんなレポートを自由に書く、いままでICPで見たことも聞いたこともない、態度に尊敬を持っての丁重な扱いであり、僕は内心嬉しかったのも事実だ。流石パリの学風だと思った。

　どっかの神学部の大先生のように、仮面の神学趣味論を説いたら〈神の冒涜だ〉などとの暴言など全く考えられない神学者の謙虚さがあるのだ！実際中世だったら僕は火あぶりの刑に処せられていただろう。爆笑　僕は付け加えた。こんな三日間の復活を信じさせるから、そんな非現実的なオカルト世界には、今の世代はそっぽを向くし僕も信仰は持てない。しかしキリスト教精神の最も肝要な点は〈人間が自分を犠牲にしても他者の為に生きること〉であり普遍の真実があると、こういう風に、聖書の受け入れるべき訓話を受け入れて糧とするような読み方により、キリスト教は構造転換すべきだと言いたい放題のべた次第だ。

　まさにICPに殴り込み、道場破りを試みた最初の生徒だろう。この神学の世界は結局イエスマンの聖職者ばかり、教授も刺激に飢えているのではないか！なんとしてもパリカトで勉強を続けて下さいと頼まれたりすることはなかったが・・・

（僕のレポート）

Atsunobu Okuyama No ICP 2014002258   le 13 avril 2015

Le-P-Henri-Jerome-Gagey_1.jpg

Thème : 〈〈Affirmer la résurrection de Jésus〉〉

J'apprécie beaucoup votre cours et surtout je suis impressionné par les trois cours dirigés par le professeur Henri-Jérôme Gagey. Après avoir étudié la théologie pendant trois ans, j'ai été vraiment impressionné par sa manière d'enseigner. Il a notamment un talent étonnant pour expliquer des questions compliquées d'une manière facile à comprendre. Il est le professeur m'ayant donné la plus grande inspiration dans mon apprentissage de la théologie.

Comme je l'ai dit clairement, je ne suis pas du tout chrétien ni prêtre pas parce que je ne peux pas avoir la foi dans le Kérygme mentionné dans 1Co 15,1-11.

Je ne suis pas en position de commenter la thèse 〈〈Affirmer la résurrection de Jésus〉〉, parce que la théologie doit être effectuée seulement par un chrétien qui a la foi comme vous le dites. En d'autres termes il n'y a aucune théologie sans foi.

Cependant, ma position est différente. Si vous en tant que chrétien voulez répandre votre religion à l'autre bout du monde au lieu de votre autosuffire dans votre monde étroit, vous avez besoin d'élaborer votre stratégie !

Maintenant dans ce monde où la science et le pragmatisme sont en vigueur, aucune personne ne peut croire le Kérygme comme il est.

Peut-être que vous me direz que la croyance vient avant le raisonnement. Cependant, il me semble que c'est totalement impossible dans ce

Elbatrina Clauteau

Gagey Henri-Jérôme

monde.

Mon idée est la suivante.

Ça depend de la définition de la mythologie. Rudolf Bultmann défini apparemment la Bible comme un récit mytholoqique au même titre que la mytheologie greque ou nord européenne. Basé sur cette définition, il a argumenté dans son "Nouveau Testament et la mythologie" en 1941 que l'on ne peut plus plausiblement exiger que les chrétiens acceptent l'image du monde mythique du Nouveau Testament.

Ma pensée est différente. Toutes la Bible devrait être interprétée comme la mythologie au même niveau de mythologie greque et japonaise.

Une fois je vous ai dit que je respecte Jésus comme un être humain et non pas comme Dieu.

Si la Bible est une mythologie, il n'est pas nécessaire d'argumenter sur son historicité. Vous interprétez simplement comme de la mythologie, mais vous pensez que cette Bible est remplie d' énormes trésors, y compris Kérygme. Vous pouvez utiliser tous les dogmes, conçus par les théologiens pendant 2000 ans.

Autrement dit, le chrétien est celui qui pense que cette mythologie devrait être leur modèle de vie !

聖書の非神話化とは（ルードルフ・ブルトマンの言う）

［ドイツ語］Entmythologisierung. ドイツの聖書学者ルードルフ・ブルトマンが，1941 年になされた講演（「新約聖書と神話論：新約聖書的宣教の非神話化の問題」）において提唱した新約聖書解釈の方法論. 方法論としては，1925 年から 28 年にかけて発表された初期のブルトマンの著作『イエス』や「新約聖書の神学的釈義の問題」,「新約学に対する弁証法神学の意義」等の論文にすでに表明されているが，世界的な注目を受けるようになったのは，この講演以降である.〈復〉ブルトマンによれば，新約聖書の記事は当時のユダヤ的黙示思想やグノーシスの救済神話に見られる神話的諸表象によって支配されており，科学的な精神を持つ 20 世紀の現代人には受け入れがたいものである. 例えば，世界は天界・地界・下界の三層構造を持ち，地界は天使と悪魔の諸霊力の働く場であるとする世界観であるとか，太陽や月が光を失い世の終りが来るという終末論や，あるいはキリストの先在性・受肉・処女降誕・十字架上の贖罪・復活・昇天・再臨というキリスト論的な記述がすべて神話的な表象と理解される. ブルトマンにとって信仰とは，これらの神話的諸表象を知性の犠牲のもとに受け入れることではない. これら福音の使信の宣教にとってつまずきとなるものを，いかに取り除き，現代人に新約聖書の使信の持つ本質的意味を伝えるかというのが，非神話化論の根底に流れる問題意識である. 従って，非神話化論は単なる聖書解釈の方法論にとどまるものではない.〈復〉神話的諸表象の持つつまずきを取り除くと上述したが，それは単に神話的諸表象を無価値なものとし

て聖書のテキストから切り捨てるという意味ではない．[ドイツ語]Entmythologisierung という単語から受ける印象はそのような誤解を生みやすいが，ブルトマンの意図したことは，神話的な諸表象の現代的な再解釈である．その意味で非神話化論は，神話的表象を無視することに終始した 19 世紀の自由主義神学とも異なる．ブルトマンにとって，神話とは単なる古代人の無意味な空想なのではなく，実存理解の表現であるので，再解釈を施すことによって意味を見出し得るものなのである．それは外的世界の科学的な記述ではないので，宇宙論的には間違っているとしても，実存論的には正しいと解されている．非神話化論とは，そのような神話の中に表現された実存理解を取り出す作業である．〈復〉そこで，ブルトマンは新約聖書の神話的諸表象を非神話化するために，マールブルク大学時代の同僚，M・ハイデガーの初期実存主義哲学を援用した．非神話化の作業は，換言すれば，新約聖書の神話的表象によって表現された実存理解をハイデガーの実存主義哲学によって表現し直す作業と言うことができる．それゆえに，非神話化論は実存論的解釈とも呼ばれる．〈復〉以上のような試みに対して，どのような評価が下されるであろうか．ブルトマンの持つ現代人に対する宣教的な関心ということはさておき，批判的な評価としては，以下のような点が一般に知られている．まず，非神話化論は結局のところキリスト教信仰を非歴史的な真理の表明におとしめるのではないかという点である．伝統的なキリスト教信仰は，神の歴史における救済を信じてきたし，キリストの一回的な贖罪のみわざを告白してきた．しかし，ブルトマンの非神話化の作業を通して，これらの歴史的客観的要素はすべて神話的な表象として主観的な真理に置き換えられてしまったために，新約聖書の使信はその歴史的な根拠を欠いてしまったというのである．さらにまた，エルンスト・ケーゼマンや J・クリスティアン・

ビーカーらによって，黙示思想の非神話化はパウロ神学の本質を見失わせるものであるという批判もなされている．また，神話的表象の解釈に実存主義哲学を用いるところから，ブルトマンの言うキリスト教の使信とは，つまるところ実存主義哲学の主張ではないかという疑念がある．この点は，逆の形でカール・ヤスパースなどの実存主義哲学者からも批判されている．すなわち，非神話化の作業を進めて，キリスト御自身さえも非神話化すべきであるという主張である．ブルトマン自身によれば，神からの語りかけを通して人間は決断と自由に導かれるのであり，その神のことばをもたらすキリストの役割の重要さを強調する点において，単なる実存主義哲学の主張と自分とを区別するのである．最後に，ブルトマンの神話的概念自体に対しても批判がなされている．しかし，以上のような批判にもかかわらず，非神話化論は依然として大きな問題を投げかけている．→ブルトマン，聖書解釈学，新解釈学，実存主義，ハイデガー．〈復〉〔参考文献〕R・ブルトマン『新約聖書と神話論』新教出版社，1980 年；H・リダボス「ブルトマンの神学」『現代神学入門』pp. 87-176，聖書図書刊行会，1966；Dunn, J. D. G., "Demythologizing—The Problem of Myth in the New Testament," Marshall, I. H. (ed.), New Testament Interpretation, pp. 285-307, Paternoster, 1979. （山下正雄）

（出典：『新キリスト教辞典』いのちのことば社，1991）

　最後に、本書の巻末に、富岡幸一郎氏の推薦文を頂いた。富岡氏は文芸評論家であり、鎌倉文学館の館長をされている。故・西部邁氏が全幅の信頼を寄せておられ、雑誌『表現者』の編集長も務めておられ、その関係で最初にお会いしたのは僕が会社を辞めた頃だったと記憶する。当時、僕がキリスト教を勉強するなど夢にも思っていなかった時代であるが、同氏の名著『使徒的人間

カールバルト』（1999 年、講談社）は、僕が上智大学在学中に神学の書として手垢がつくまで読み返し、勉学の座右の書としたほどである。

同氏はキリスト教プロテスタント〈日本基督教団教会〉の敬虔な信者である。僕のこの題名不遜な新刊本に是非後書きを書いていただこうとお願いしたのであるが、同氏は思想の違いを超えて、寛容で公平な誠意溢れる人柄が表れる素晴らしい後書き――題して〈無神論者のキリスト教論〉を 2020 年の初仕事として書いて頂き、まさに僕の言いたいことを的確に読み込んで下さり、感謝の気持ちに満たされている。

本書出版にあたって春吉書房の間君には大変お世話になり御礼申し上げます。

無神論者のキリスト教論

文芸評論家・富岡幸一郎

　本書は、これまでに類書がない、日本人の無神論者によるキリスト教についての一冊である。類書がない、というのは説明を要する。それは本の中身においてというよりも、著者の立場が一貫して「無神論」の立場にあるという一点である。キリスト教についての一般的批判や疑義を述べる本はいくらでもある。キリスト者からのキリスト教批判ももちろんある。キリスト教や聖書を「知ったつもり」で書かれたキリスト教批判の本も多い。

　筆者自身は三十歳を過ぎてプロテスタントの洗礼を受けたキリスト者で、日本基督教団の教会に属している。カルヴァン派の教会であり、筆者は二十代で日本の無教会の創立者・内村鑑三の著作に出会い、その後スイスのプロテスタント神学者カール・バルトについての研究をした。だから聖書や神学について多くを学び、著作も物した者としていえば、日本の知識人（学者）やジャーナリストが、キリスト教を「知ったつもり」で一知半解のまま、もっともらしいことを書いていることに度々うんざりしている。ついでにいえば、カトリック・プロテスタントその他を問わず、教会の洗礼を受けても、（残念ながら）キリスト教の何たるかをほとんど知らない（知ろうとしない）信者も少なくない。こう書くと傲慢に聞こえるかもしれないが、事実である。カトリックとプロテスタントを合わせて、日本ではキリスト教の信者が人口の1パーセントを超えないといわれるが、問題は信者の数ではない。むしろ知識人のキリスト教理解の浅薄さこそが問題なのだ。

　三十余年前になるが、文芸批評を書きはじめた筆者が内村鑑三

の著作を読み、衝撃を受けたのは、自分が「知ったつもり」のキリスト教が全くの浅薄な知識に過ぎなかったということだった。1988年に『内村鑑三』という小著を書き、その「あとがき」で次のように記した。

「……私が突き当たらざるをえなかったのは近代日本人にとって、超越的なるもの、絶対神とは何か、という問題であった。正確にいうならば、近代日本における『神』の不在ではなく、『神の問題』の不在である。西欧思想をすでに文明のものとして受け入れているわれわれは、『神の死』などということを、あたかも自明のことのように語る。しかし『神の死』どころか、この国の近代には、そもそも神学の思考が根本的に欠落している。そのようなところで、西洋の形而上学批判を含むポスト構造主義などの思想を、どうして自分たちの問題として実感できると言うのか。」

この頃、フランスの現代思想といわれるミッシェル・フーコー、ジル・ドゥルーズ、ジャック・デリダという哲学者の翻訳が次々に刊行され、難解なポスト・モダンの思潮が流行していた。ジョルジュ・バタイユやピエール・クロソウスキーという名前を加えてもよい。筆者もフランス文学科の出身でそうした思想家や文学者に人並みに関心があったが、日本でのポスト・モダン議論が、キリスト教への根本的関心を示していないこと、つまり無神論者の日本人が一人もいないことに改めて驚愕するほかなかった。デリダがユダヤ人である、という事実に根ざさずに、どうしてその哲学の本質に触れることができるのか。ニーチェを引用して語る日本人の哲学者は、むしろ多かった。しかし、そのなかに、無神論者は見たところ誰もいなかった。

「キリスト教的神概念は、――病める者の神としての神、蜘蛛としての神、精神としての神は――地上で達せられたもののうち最も腐敗した神概念の一つである」(ニーチェ『反キリスト者』原

佑訳、理想社)。

　キリスト教に無関心の日本の知識人は大勢いるが、無神論者は
まずほとんどいない。その文化圏で、なぜニーチェが――この真
実の反キリスト者の哲学が――語られているのか。

・・・・・・・・・・・・・・・・・・・・・・・・・・・・・

　奥山篤信氏は、この日本の宗教風土、文化圏のなかで、明晰な
無神論者としてここに立つ。

「60歳半ばごろ僕はキリスト教を勉強しようとして上智大学部
神学部履修生で1年、大学院前期博士課程(修士過程)入学試
験に合格してその後2年、そして修士号取得してパリ・カトリ
ック大学院に遊学した。上智大学で＜キリスト教の科学＞なる大
学でのゼミ形式の授業を受けた時のことである。/ 神が存在する
か立証してもらいたい、との素朴な僕の問いに、当時の教授(神
父でもある)は声を荒げて＜そう言うなら、君は神が存在しない
理由を明らかにせよ＞と開き直ったものだ。まさに居丈高、最初
から神が存在するありきの議論でまさに循環論法の罠に落ちてい
てそれに気がつかない劣化した知性だと思ったものだ」(本書、
第3章「教会は伏魔殿(論理も科学も皆無)」)。

　奥山氏は、上智大学というカトリックの牙城に入り、フランス
にまで留学してキリスト教を学び、まさに「道場破り」を敢行す
る。それはただキリスト教の非近代的・非論理性を一方的に非難
するのではなく、本書に明らかなようにキリスト教信仰の根幹に
関わる「復活」、「三位一体」、そして新旧約聖書の具体的な記述、
教会論、パウロの神学、ローマ・カトリック教会(バチカンの問
題・堕落)、その偽善とルサンチマンとしてのキリスト教等々の
論述によって展開される。筆者はすでに述べたようにプロテスタ

ントの信者であり、奥山氏のキリスト教批判を全てそのまま受け入れることはできないが、重要なことは奥山氏はキリスト教をただ非論理や反知性として、近代主義や合理主義の立場からの批難をしているのではないという点である。

それはプロテスタントのカール・バルトやルードルフ・ブルトマン、あるいはカトリックのハンス・キュンクのような神学者の著述を読み込み、批判の武器としているからだ。もちろんフリードリヒ・ニーチェが、その背後にあることはいうまでもない。つまり、キリスト教が歴史のなかで、いかにルサンチマンの「宗教」と化していったかという本質的な批判がそこにある。制度化したカトリック教会の体制がそこでは激しく攻撃されているが、むろんそれは宗教改革後のプロテスタント教会にも共通するものである。

第7章の「偽善者たるキリスト教」で、著者は長崎の原子爆弾を体験した永井隆博士のことにふれて、原爆被爆者のための犠牲的な献身活動を評価しつつも、そのキリスト者としての発言に強い違和感を示しているのは当然のことであろう。すなわち長崎の原爆投下の意味を信仰的に問い続け、浦上の地（カトリック教会）が「犠牲の祭壇に屠られ燃やさるべき潔き羔として選ばれたのではないか」との論である。イエス・キリストが全人類の罪を贖うために十字架上で死ななければならなかったという贖罪論を、長崎市民の命に援用して、それは人類へ平和をもたらすための犠牲であったという、倒錯した見解である。ここにキリスト教の一種悪魔的なルサンチマンが現れているのは明らかであり、これを批判しつくす著者は無神論者としてというよりも、神の被造物としての（著者はこういう言葉を否定するだろうが）、人間の倫理的判断である。この人間の「倫理」を失わせるところにこそ、キリスト教のみならず宗教というものの恐怖があり、戦慄があり、

救いのなさがある。

　カール・バルトは、第一次大戦の災禍のなかから、牧師として
キリスト教の孕むこの「宗教」性を徹底して批判する。
「宗教はむしろ、人間の救われなさの発見である。宗教は、享受
したり讃美したりすべきものではなくても、むしろ振り棄てがた
い苦しい軛として荷うべきものである。何人に向かっても宗教を
讃めたてて、これをもつように望んだり薦めたりすることはでき
ない。宗教は一つの禍であって、それが運命的な必然性をもって
ある人々を襲い、この人々からまた他の人々へ移ってゆくのであ
る。」(『ローマ書』、1921 年)。

　カトリックは日本の現代作家にも、少なからぬ影響を与えてい
る。しかし、その文学のほとんどは無神論者との真剣なる対話も
なく、偽善に陥っている。ヒューマニズムへ堕落している。現代
作家でたたひとりカトリック信仰を生き抜いたのは、森内俊雄氏
であろう。森内氏の代表作『骨の火』(1986 年、文芸春秋)のな
かに、次のような鮮烈な一節がある。
「現代日本のカトリックの微笑のかげに、私はあなどりとへつら
いを見ます。日本のエルサレム、長崎に幻花の焰を投げた欧米の
心の源を赦し得るとは、もはや精神病理学の世界です」

　バチカンは、その「微笑」を今、習近平の中華人民共和国へと
向けている。教皇の座に就いたフランスコは史上初のイエズス
会の出身者である。いうまでもなくイエズス会は、教皇直結の精
鋭部隊であり、対抗宗教改革でできた軍隊である。この宗教の名
の「軍隊」が、新型コロナウイルスの世界的なパンデミックのな
かで、新たな全体主義「宗教」化のなかで、どのような動きを見
せるのか。本書を読みながら、様々なことを考えるのである。

　ドストエフスキーの小説『カラマーゾフの兄弟』に出てくるイ
ワン・カラマーゾフは、無神論者であり、奥山氏はキリスト教の

「神」を否定し「自分に内在する神」という虚構により「キリスト教の神たる虚構と対峙する」このイワンに共鳴する。イワンという徹底した無神論者を生み出した作者ドストエフスキーは、キリスト教（ロシア正教）の信仰者であったが、また自らをその信仰を懐疑する者であると語った。

「わたしはあなたの行いを知っている。あなたは、冷たくもなく熱くもない。むしろ、冷たいか熱いか、どちらかであってほしい。熱くも冷たくもなく、なまぬるいので、わたしはあなたを口から吐き出そうとしている」（「ヨハネの黙示録」3章15節~16節、新共同訳）。

　キリスト教は、何よりも教会は、ひたすら「神の赦し」をいい、「なまぬるい」現世の宗教と化している。コロナ禍のなか、だからキリスト教会は何らの言葉も発信できない。この1冊は、ここでこの時に紙の爆弾として、言葉の力の真実として炸裂するだろう。

付録1

平成25年7月22日提出　期末レポート
基礎神学 I（岩島忠彦教授）作成　大学院 B1291206 奥山篤信

神認識についてカール・バルトを中心に

目次

序
バルトの問題提起
バルトとブルンナー論争
バルトとゴーガルテンの訣別
所感

第1章　序

　基礎神学は大変興味ある科目であり、目から鱗の思いで毎回授業を聞かせていただいた。

　カール・バルトについての講義[1]から啓発されて、先生の講義内容から自習・関連書読書により、シュライエルマッハー、フォイエルバッハ、バルト、バルトとブルンナー論争、バルトとゴールガルテンの訣別について考察してみた。

---

[1] 岩島先生プリント第一部：神の I 宗教について 2. 啓示からの宗教批判より：カール・バルトの命題「宗教は不信仰である」つまりバルトの不信仰としての偶像・自己救済の企てつまり「（宗教とは）宗教は啓示から見た場合には、次のような人間の企て神がその啓示の中でなそうと欲しておられ、実際になし給うことを先取りし、神的な業の代わりに人間的な業を差し入れ、つまり啓示の中でご自分をわれわれにむかって現し、明示するし神的実在の代わりに、人間が恣意的に、わがまま勝手に自ら描き出した神についての像を押し込もうとする人間の企てーとして正体が暴露されるのである」「宗教の中で彼は神に向かって手をのばしてつかむつかみかかりを敢えてしているのである。宗教はこのようなつかむことであり、それ故に宗教は啓示に対する言い逆らいであり、人間の不信仰のどぎつい表現であり、換言すれば、まさに信仰に真っ向から相反する態度と行動である」「救いは神（啓示）からのみ可能 (sola gratia)・・人間は－全面的に、いや、ただ部分的にだけでも－自分で自分を助けることはあできなーいということである。・・ゆえに「宗教」は、「啓示」に対する「言い逆らい」であり、人間の根本的な「罪のあらわれ」である。」（岩島先生プリント13ページ）

第2章　バルトの問題提起

（1）シュライエルマッハーとフォイエルバッハ

　近代プロテスタント神学を発展させた18世紀末フリードリヒ・シュライエルマッハーは「宗教の本質は直観と感情である。」「宗教の本質は絶対依存の感情である。」としていわば神の居場所を〈天上〉から〈人間の心の中〉へと変えた。

> 「宗教は形而上学のように、宇宙をその本性に基づいて規定し、説明しようとは望まないし、道徳のように、自由の力や神のごとくに気ままな人間の自由意思から宇宙を形作り、完成しようともしない。宗教の本質は、思惟することでも行動することでもない。それは直観そして感情である。宇宙を直観しようとするのである。宇宙の独自な、さまざまな表現、行動の中にひたって、うやうやしく宇宙に聞き入り、子供のようにものを受け入れる態度で宇宙の直接の影響にとらえられよう、宇宙に充たされよう、とするのである。」「宗教の本質は、思惟でも行為でもなく、直観と感情である。宗教は宇宙を直観しようとして宇宙自身の表現と行為の中で、敬虔の念を持って宇宙に耳を傾けようとする。宇宙は小児のような受け身の態度で、宇宙の直接の影響によってとらえられ、充たされようとする」[2]

　しかしこれは一方で、人間の心理作用と神を混同し、神の絶対的存在を相対化するとのその後の論争の起点となった。

　近世以降の無神論は三つの流れがあり①世界観的無神論＝唯物

2　『宗教論——宗教を軽んずる教養人への講話』F. シュライエルマッハー筑摩書房1991

論②認識的無神論＝経験主義・実証主義・新実証主義③人間論的無神論＝神の支配からの解放（人間中心へ）がある。

『キリスト教の本質』にてルードヴィッヒ・フォイエルバッハは宗教について、それは神や超越の次元を人間の自己意識の投影だと見なし無神論に心理学的証明を与えた。投射説（Projektions Theories）であり、神信仰と疎外 (Entfremdung) を唱えた。[3]

　　「宗教は人間による自己自身との分裂である。すなわち人間は自己対立する存在として神を自己に対置する」「宗教は無限なものについての意識であり、従って宗教は、人間による自己の本質についての、すなわち有限ではなく制約されていない自己の本質、いな無限の自己の本質についての意識である。宗教はそれ以外の何ものでもなく、それ以上のものでもない。本当に有限な存在は、自己からかけ離れたものを理解したり予感したりすることはできないし、ましては無限な本質についての意識などはもってはいないのである。というのは、その存在の無限はまた意識の限界でもあるからである。」[4]

として人間が人間自身の本性が生み出したものを、別の本質として、すなわちひとりの神として、あるいは超越者として自分自身から区別し、結局自分自身が持っている無限の本質を有限である自分の他者として錯覚しているに過ぎないということであり、これを人間は神と呼んだとしたとした。

　要するにシュライエルマッハーもフォイエルバッハも人間の本

3　岩島先生プリント Ⅲ　無神論について
4　『超越と認識』深井智朗　創文社　2004.8.25　14 p －16 p

質における神的なものに人間の神認識の可能性を見いだしたものであり、その違いは〈結論として前者が有神論、後者が無神論〉ということに結びつけたのではないかと考える。

(2) 旧約聖書

　カルメル山の神明裁判の背景はアハブとイザベルとの結婚を契機に、かってイスラエルに属していたカルメル山地が再びツロから割譲された。そこで山頂の衰微していた聖所をツロの儀式（バアル神＝イザベルの神）で再建するか、YHWH の儀式で再建すべきかとの争点となった。それは雄牛を載せた薪の山に火を降すのはどちらかで争おうとエリアは提案した。バアルの預言者がバールの名を叫び続けたが天からの火はなく、そこでエリアが立ち

　　　　列上〈18:36 献げ物をささげる時刻に、預言者エリヤは近くに来て言った。「アブラハム、イサク、イスラエルの神、主よ、あなたがイスラエルにおいて神であられること、またわたしがあなたの僕であって、これらすべてのことをあなたの御言葉によって行ったことが、今日明らかになりますように。〉

と祈ると火が降りた。バアルの預言者が行ったのは自分達の願い（下心のある礼拝）すなわち自分達の願いの投影（偶像崇拝）にすぎず、一方エリアの祈りは神の御言葉の実現であり、神への感謝であった。

　このカルメル山上の神明裁判を見るとき、偶像を崇拝する人間の姿への神の怒りを端緒に見る。数多くの旧約聖書のほんの一例の箇所（偶然最近読み直した箇所）であるが、神の言葉の方向性として旧約聖書を読むかぎり、神からの一方的な啓示こそが真理

であると解釈できるのではないか。

(3) バルトの神の言葉の神学

　20世紀スイスに生まれ、教皇ピウス XII 世をしてトマス・アクイナス以来最も重要な神学者と言わしめたカール・バルトが独自の神学論を投げつけたのは第一次世界大戦の最中である 1916年である。まさに文明の発展論と人間に対する楽観論に基くキリスト教的な人間理解が第一次世界大戦とその影響により欧州を危機に導いたとバルトが危機感を持った時代である。一介の牧師であった彼が2月6日日曜日の朝のミサでエゼキエル書13：01 −13：16 を引用し、エゼキエルの言う「偽りの預言者」こそ、まさに「人に満足を与える牧師」[5]であると激しく揶揄

> 　13:11 漆喰を上塗りする者に言いなさい。『それは、はがれ落ちる』と。豪雨が襲えば、雹よ、お前たちも石のように落ちてくるし、暴風も突如として起こる。 13:12 壁が崩れ落ちれば、『先に施した上塗りはどこに行ったのか』とお前たちは言われるに違いない。 13:13 それゆえ、主なる神はこう言われる。わたしは憤りをもって、暴風を起こし、怒りをもって豪雨を降らせ、怒り狂って雹を石のように降らせ、すべてを破壊する。 13:14 お前たちが漆喰を塗った壁をわたしは破壊し、地面に打ちつけて、その基礎をむき出しにする。それが崩れ落ちるとき、お前たちもその中で滅びる。そのとき、お前たちは、わたしが主であることを知るようになる。 13:15 わたしは、壁とそれに漆喰を塗った者たちに対し怒りを注ぎ尽くし、『壁もなくなり、それに上塗りをした者たち

---

5 『カール・バルト説教選集　6』井上良雄訳　日本基督教団出版局　1991　p 17-36

234

もいなくなった』とお前たちに言う。

　神を見ず、また神を見ようともしないとして、牧師と教会員の間の人間的状況を動かすために神の御言葉を利用していると攻撃した。まさに宗教についてまさに剥がれ易い漆喰に喩えたのであった。キリスト教の本来の神、神たる原点に戻るべきと述べたのである。

　バルトが育った19世紀後半から20世紀初めにかけての神学は、シュライエルマッハー以来の自由主義神学つまり神の実在と信仰を、何よりも人間の宗教的感情や意識において捉えようとする風潮であった。それは人間の理性への信頼に基く近代主義、人間中心主義が根底に存在した。結局人間に信頼を置く自由主義神学が第一次世界大戦という惨禍を齎したとバルトは判断したのである。宗教の本質についてカール・バルトが、無神論者フォイエルバッハの「神学の秘密は人間学である。」の論点を評価しつつ、これを逆手にとって、「19世紀の神学が人間学へと成り下がってしまった。」としたのである。神と人間の絶対的質的差異については下記の通りロマ書講解にも見られる。

　　〈(われわれは、)「神」と言うとき、何を言っているのか知っているつもりでいる。われわれは神にわれわれの世界における最高の位置を与える。そのことによって、われわれは神を原則的には、われわれや事物と同一線上に置くのである。われわれは、神が「誰かを必要としている」と考える。われわれは、他の諸関係を正常化するように、神に対する関係を正常化しうると考える。われわれは差し出がましくも神の近くに迫り、深い考慮も払わずに神をわれわれの近くに引き寄

せる。われわれは神と習慣的関係に入ってもかまわないと考える。〉[6]

〈「われわれの主イエス・キリスト」。それが救いの音信であり、それが歴史の意味である。この名において二つの世界が出会い、別れ、既知の平面と未知の平面の二つの平面が交わる。既知の平面とは、神によって飾られたが、その根源的な神との一致から脱落し、そのために救いを必要とする「肉」の世界、人間と時間と事物の世界、つまりわれわれの世界である。この既知の平面が、もう一つの別な未知の平面によって、父の世界、すなわち、根源的な創造と究極的な救いの世界によって切断されるのである。しかし、われわれと神との、この世界と神の世界とのこの関係は認識されることを求める。両者の間の切断線をみることは、自明のことではない。――見られるはずの、また現に見られる切断線上の一点が、イエスであり、ナザレのイエス、「歴史的」イエス、「肉によればダビデの子孫から生まれた」イエスである。〉[7]

第3章　バルトとブルンナー論争

　エミール・ブルンナーはバルトと同じスイス人でバルトより三歳若い、いわば共に二つの世界大戦かつ戦後の冷戦構造下の欧州を経験した。アカデミズムの王道を歩きフッサールにより高く評価されチューリッヒ大学総長まで登りつめた。まさに「弁証法神学」といわれた20世紀初頭のドイツ語圏神学運動の雄であり〈バルトとブルンナー〉と呼ばれる二人でもあった。しかし初期の蜜

6　カール・バルト　『ロマ書講解　上』　原因1：18）小川圭治・岩波哲男訳2008　p 97
7　カール・バルト　『ロマ書講解　上』　筆者から読者へ1：4）小川圭治・岩波哲男訳2008原因　p 69-70

月時代を経て二人は徹底的に決裂するのである。

　そもそも二人は神学を人間学から徹底的に自律させるという点
では同じであったがその方法論についての論争であった。それは
カール・バルトの『ロマ書講解』1919にブルンナーが共鳴しそれ
に書評を書いて二人の立位置が一致したかのように見えたが、そ
の後バルトがブルンナーの『自然と恩寵－カール・バルトとの対
話のために』にてバルトの神学的手法を批判したことに端を発す
る。これに対してバルトは直ちに『否！エミール・ブルンナーへ
の回答』を表して反撃する。ブルンナーは宗教改革の流れを汲む
神学者として、人間の原罪をみつめ、人が神の前で罪人でしかな
いことを認識している。しかし旧約聖書の、人間がもっている神
の似姿（神の像）に注目する。人間は全き罪人としたとあるが、
それでもなお他の被造物とは異なり、天地万物の中心点であり頂
点であるので、堕罪した人間のなかにも神の像は除去されていな
いと述べた。その著『自然と恩寵』のなかで

　　「罪人としても、それは主体であり、理性的存在であるとい
　　うことである。・・・人間は罪人としても神の語り相手とな
　　ることもできる。そしてまさにそのことの中に、責任を持つ
　　者であるという人間の根源的本質が基いている」

　つまり罪を通してもなお破壊されない、神的なメッセージに結
びつくことができる〈結合点〉があるということで、人間存在と
は、その主体とは神の言葉と聖霊を受けることのできるというこ
とを承認する者のことである。まさに自然神学に立ち返るような
ブルンナーの主張であるが、それは神をどのように語るかの「語
り方」を問題にしているのである。バルトのように神と人間との
絶対的差異を語るだけでは現代の宣教にはならないということで

あり、キリストの啓示という出来事を、果たして教会は宣教することができうるのか、人間の、その自然性（理性）のなかにある神との結合点を認めることで、はじめて信仰の可能性があるのではないかと、自然神学の再評価を述べたのである。これに対してバルトはあくまでも否で応えた。宗教改革の流れを持つブルンナーなら当然人間は神の前に罪人であり、自らの力で義とすることはできない、どうして理性のうちに結合点などというものが存在しうるのかと攻撃した。あくまでも人間は神に向かっては不自由であり、われわれの内なる自由から神の認識へと向かうことはできないということである。「われわれは、神の言葉を聞き実行するものとなるというのは、われわれの人間の中に含まれている可能性が現実化するのではなく、神の可能性が現実化することを意味する。真の神の認識への自由は奇蹟であり、神の自由であって、われわれの持ついろいろの自由の一つではない」とバルトは『否！』にて語る。

　自然神学とは、どんなものであれ、人間の持つ〈色々の自由〉の捏造の可能性の延長上にあって神を捉えようとする思想であると断言、ひとたびそのような〈われわれ自身の可能性〉を信じることになると〈神の可能性と異なるすべての可能性〉が直ちにモーセの第一戒の〈ほかの神々〉となって現れてくるということである。

　バルトの否はブルンナーの如く、神の啓示の出来事のなかにのみ信仰の基礎と理由付けをもつことができない（つまりブルンナーの言う人間の理性のなかに神と人間の結合点の役割を与える）ことは、啓示と民族あるいは国家という二元論を生む。まさにドイツ・キリスト教の民族の神を謳い、1933年設立された福音主義協会（DEK）はナチス協力に至るのである。[8]

第4章　バルトとゴーガルテンの訣別

　フリードリッヒ・ゴーガルテンはルター派の牧師でブレスラウとゲッティンゲン大学で教授を歴任、ブルトマン、バルト、ブルンナーと共に弁証法神学（危機の神学）の先駆者であった。そのゴーガルテンは盟友バルトとは1930年訣別する。信仰による義認を強調し、聖書の歴史は客観的事象としてではなく、信仰によって得られる主観的経験として重要であるとした。それは人間の歴史理解はいかなる神の役割よりも重要であると考えたことに、バルトはキリスト教規範からの逸脱だとして否！を唱えた。

　神の啓示に対して、人間は服従するか反抗するかの二者選択についてバルトとゴーガルテンの理解は共通だが、ゴーガルテンは人間の〈決断〉を重視した。

　　　「イエスがキリストであるという、この陳述の場合信仰には告白が問題であり、解釈がそれでないときにのみ、ただこのときにのみそれは力ある意味において他者に語られた言葉の内容であることができる。けだしこの言葉が現実に対する決断から語られているときにのみ、現実的に他者は語られる言葉のいかなるものもしかなすがごとくに、それはそれ自身現実に対する決断へとよぶことができるのであるからである。他なる可能に伍する一つの可能の考察的選択からして語られているところの、解釈のこのことに対する力もなく、勇気もなく、また総じて厳粛に決断と現実についてしるものではない。」[9]

8　『超越と認識』深井智朗　創文社　2004.8.25　第二章人間は「神の像」をもっているのか
　　p 67-138
9　『我は三一の神を信ず』ゴーガルテン著　新教出版社　p 270－271

　イエス・キリストに対する服従ではなく、決断を鍵とすると、人間の自由意志で啓示を受容するか否かを選択することができるという可能性が出てくる。ここから人間の側から神に至る道をゴーガルテンは許容し、それが1930年代のヒトラーの人格に神的なものを認めることに繋がったのである。バルトの危惧する通りゴーガルテンはヒトラーを救済主とする「ドイツ的キリスト者」の重要な理論家となってしまった。

第5章　所感

　バルトの説く神と人間の無限の質的差違にかつ神のいわば一方的な啓示である神の声を如何にして聴けばよいのか、素朴な疑問が残る。また聴きとった、その神の言葉が果たして本物なのか、偽物なのか、実存主義者J・P・サルトルの言葉が興味深い。

　　　「天使がアブラハムに自分の息子を犠牲にささげよと命令した。「汝はアブラハムなり。汝の息子を犠牲とせよ」と告げに来たものが、もしほんとに天使であるなら文句はない。しかし人は誰しもまずこう自分に問うことが出来る。あれはたしかに天使なのか。そして自分はたしかにアブラハムなのか。何がそれを証明するのか。」[10]

　バルトは啓示の可能条件として、三位一体について語っている。『イエス・キリストの履歴』[11]に下記ある。

　　　「神は自らを啓示する。神は自らを通して啓示する。神は自

10　『実存主義とは何か』サルトル著　伊吹武彦訳　白水社
11　岩島忠彦『イエス・キリストの履歴』オリエンス宗教研究所　2011.4.15　p 227

らを啓示する。」傍線部分の第一は父を指し、第二は基督を
指し、第三は聖霊を指している。バルトはキリストにおいて
生起したことは、神が私たち人間に語りかけた「み言葉」の
出来事であるとする。そこでは父である神が自分自身を顕す。
（＝自己啓示）。どのように？－父の「み言葉」そのものであ
る御子キリストを通して、問題はここからである。この神の
言葉は人間異向けられたものである。しかし、罪ある人間に
はこの語りかけを受け止め、これに応答する力がない。それ
を私たちの内で可能にしてくれるのが聖霊であると言うので
ある。信仰という人の働きまで、神である聖霊が可能にして
くれるのである。つまり、神の自己啓示の業ははじめから終
わりまで、全く三位一体の業であるということになる。する
と、ひとの信仰において起こっていることの本質は、三位一
体の命の交わりそのものであるということになる。これは、
ヨハネやパウロの語ることと一致する。」

　ブルンナーしてもゴーガルテンにしても、バルトの明晰な啓示
論を評価していても、やはり人間側からの何かの回路の糸口が必
要と考え、前者は罪人である人間にも神の似姿の残滓が残りこれ
が結合点となると説き、後者は人間の決断を述べた。しかし結局
はもともと彼らが否定した自然神学へと自己撞着に陥ったのでは
ないかと考える。

　われわれはいつも選択肢を前にして決断を迫られるが、その決
断が正しいか正しくないかなどとの根拠はどこにもないのも事実
である。まさにゴーガルテンがヒトラーを「ドイツ救済主」とし
た目測狂いが証明するように。

シュライエルマッハー以来、キリスト教を含め宗教が内包する、人間の自己投影の危険性に晒されており、だから冒頭のバルトの宗教批判は強烈だが、警句として本質をついていると考える。

　現代世界において、特に日本では、宗教は〈ご利益（りやく）〉に成り下がっている。すべて人間のエゴイズムのあくなき欲望を神に託しているのである。まさに数え切れないカルトの跳梁跋扈もここに起因する。〈金儲け〉〈入学〉〈結婚〉〈就職〉願望など何の信仰心もない赤裸々な日常生活のミーイズムの偶像である。それほど露骨でないにしても、〈人間主義〉〈ゲンパツ反対〉〈ヘイワ・ジンケン〉などなどもいわゆる神の言葉ではなく、人間界の俗世の論理というか、つかの間の世の流れに群れるものに過ぎない。そんなことでは神を捉えることができるわけがないのである。所詮人間の束の間の寿命の間で思いつく〈真理〉などが真理であるはずがなく、単なる時代の罪深い・碌なことしか考え付かない人間のエゴイズムの集積にすぎない。そんな意味で上記のバルトの啓示・三位一体の考えは、人間側からのコンタミネーション（いわゆる〈人間学〉群やら心理学から）をシャットアウトする意味に於いて真理の普遍性を担保していると思料する。以上

参考文献

岩島先生　基礎神学のプリント

岩島忠彦『イエス・キリストの履歴』オリエンス宗教研究所

『超越と認識』深井智朗　創文社

『我は三一の神を信ず』フリードリヒ・ゴーガルテン著　坂田徳男役　新教出版社

『ロマ書講解』カール・バルト著　小田圭介・岩波哲男訳　平凡社

『実存主義とは何か』　サルトル著　伊吹武彦訳　白水社

『カール・バルト説教選集　6』井上良雄訳　日本基督教団出版局

付録2   Par Atsunobu OKUYAMA   ICP Etudiant : 2014002258

Sujet : Le Sermon sur la montagne

Introduction

I.   Diverses interprétations de la parole de Jésus

a)   Le point de vue absolutiste

b)   Les interprétations opportunistes

c)   Les interprétations sans modification

d)   Les interprétations eschatologiques

e)   Un point de vue cynique : l'interprétation par la repentance

II.   Avec réalisme, ce principe peut-il être efficace dans le monde concret ?

Conclusion

~ Dans la réalité du monde, comment devons-nous l'interpréter ? ~

Introduction

J'aimerais vous présenter ma réflexion sur les problèmes posés par l'application des paroles de Jésus, exprimées dans le *Sermon sur la montagne* (Evangile selon St. Mathieu Chapitre 5, versets 38 à 48)[1], dans le monde réel actuel.

Les enseignements du *Sermon sur la montagne* ont été un élément clé de la morale chrétienne, et pendant des siècles le *Sermon* a agi comme une recette fondamentale pour la conduite des disciples de Jésus.

---

1   *La Bible de Jérusalem*, Les Editions du CERF, 1998

Différents penseurs religieux et moraux (par exemple Tolstoï et Gandhi) ont admiré son message, et il a été une des principales sources du pacifisme chrétien.

Cependant, je doute fort que ce *Sermon sur la montagne* puisse être réalisé dans le monde humain, non seulement du temps de Jésus, mais aussi du nôtre.

Je voudrais discuter les points suivants à l'égard de ce texte. Inutile de dire que je respecte fortement la parole de Jésus. Mon argumentation s'organise en deux temps :

(1) Diverses interprétations de la parole de Jésus

(2) Avec réalisme, ce principe peut il être efficace dans le monde concret?

I. Diverses interprétations de la parole de Jésus

L'un des débats les plus importants au cours de la prédication est la façon dont elle devrait être appliquée directement à la vie de tous les jours. Le plaidoyer de non résistance complète est incompatible avec la survie dans la société humaine, donc presque tous les groupes chrétiens ont développé une manière non-littérale d'interpréter et d'appliquer le sermon. McArthur[2] énumère douze écoles de pensée fondamentale sur cette question, que nous pouvons classer en cinq types d'interprétation.

---

2 MACARTHUR, Harvey King, *Understanding the Sermon on the Mount*, Londres : Epworth, 1961 ; voir aussi « Sermon on the Mount » [Ressource électronique], *Wikipedia*, site internet, [En ligne] http://epicroadtrips.us/2003/summer/nola/nola_offsite/FQ_en.wikipedia.org/en.wikipedia.org/wiki/Sermon_on_the_Mount.html, consulté le 13/05/2015

Le point de vue absolutiste

Il rejette tout compromis et estime que, si l'obéissance aux écritures coûte son bien-être au croyant, alors c'est un sacrifice raisonnable pour son salut. Tous les préceptes du sermon doivent être pris littéralement et appliqués universellement. Les partisans de ce point de vue sont, notamment St. François d'assise et, plus tard dans sa vie, Léon Tolstoï. Aucune confession chrétienne n'adopte pleinement cette position, mais les premiers anabaptistes et les groupes anabaptistes modernes comme les Mennonites et les Huttérites en sont les plus proches.

Les interprétations opportunistes

Les auteurs comprennent l'impossibilité d'obéir strictement et précisément aux paroles de Jésus. C'est la raison pour laquelle ils modifient légèrement le texte selon leur intérêt.

(1) La modification :

Une méthode qui est commune, mais pas approuvée par tous les groupes, est simplement de modifier le texte de l'homélie. Dans l'Antiquité, cela a pris la forme de modifications du texte pour le rendre plus léger. Ainsi, certains des premiers copistes ont changé le verset Mathieu 5:22 « *Quiconque se fâche contre son frère doit être en danger du jugement* » et l'ont édulcoré en « *Quiconque se fâche contre son frère sans une cause ne doit être en danger du jugement.* » Le plus fréquent au cours des derniers siècles est de paraphraser le *Sermon* pour le rendre beaucoup moins radical. Une recherche dans les écrits de presque tous les grands auteurs chrétiens conclut au fait que le texte a été modifié à un moment donné.

(2) La vision hyperbolique :

L'un des points de vue les plus courants est la vision hyperbolique du *Sermon*. Elle soutient que certaines parties de ce que Jésus a dit dans le Sermon sont des hyperboles et qu'elles ne doivent donc pas être prises à la lettre pour les appliquer au monde réel. La plupart des interprètes conviennent qu'il y a une certaine emphase dans le *Sermon*, le verset Matthieu 5:29 (« *Si ton œil droit est pour toi une occasion de chute, arrache-le et jette-le loin de toi ; car il est avantageux pour toi qu'un seul de tes membres périsse, et que ton corps entier ne soit pas jeté dans la géhenne.* ») en étant l'exemple le plus flagrant. Mais il y a un désaccord sur les portions exactes qui ne devraient pas être prises littéralement.

(3) La comparaison entre les textes :

En même temps que la Réforme protestante a été amorcée, une nouvelle ère de critique biblique a commencé menant à la comparaison entre les textes religieux. Les lecteurs de la Bible ont constaté que plusieurs des plus rigides préceptes du *Sermon* étaient modérés par d'autres parties du Nouveau Testament. Par exemple, tandis que Jésus semble interdire tous les serments, Paul est montré les utilisant au moins deux fois ; par conséquent, l'interdiction dans le *Sermon* a certaines exceptions.

Les interprétations sans modification

Ces auteurs comprennent également l'impossibilité pour le commun des mortels d'appliquer les préceptes du *Sermon*. Ils cherchent donc une interprétation sans modifier le texte. Ils rejoignent ainsi Saint Augustin, qui dit que c'est « *une norme idéale de la vie chrétienne* ».

(1) Le point de vue « deux poids, deux mesures » :

C'est la position officielle de l'Église catholique romaine. Il divise les enseignements du sermon en préceptes généraux et conseils spécifiques. L'obéissance aux préceptes généraux est indispensable pour le salut, mais l'obéissance aux conseils est nécessaire uniquement pour la perfection. La grande majorité de la population doit se préoccuper seulement des préceptes, les conseils doivent être suivis seulement par le clergé. Cette théorie a été initiée par St. Augustin et plus tard pleinement développée par saint Thomas d'Aquin.

(2) Les deux royaumes :

Martin Luther a rejeté l'approche catholique et a mis au point un système à deux niveaux, que McArthur désigne comme les deux royaumes. Luther a divisé le monde en deux avec le royaume religieux d'un côté et le royaume laïque de l'autre et a soutenu que le Sermon s'appliquait uniquement au monde spirituel. Dans le monde temporel, les obligations familiales, professionnelles et patriotiques contraignent les croyants à faire des compromis. Ainsi un juge devrait suivre ses obligations laïques de condamner un criminel, mais intérieurement il devrait porter le deuil du sort du criminel.

(3) Les attitudes avant les actes :

Au cours du dix-neuvième siècle plusieurs interprétations ont été développées. Wilhelm Hermann a adhéré à la notion d'attitudes, opposée aux actes, qui peut être retracée dans les écrits de St. Augustin. Il déclare que, dans le *Sermon*, Jésus ne dit pas comment un bon chrétien doit se comporter mais seulement son attitude. L'esprit qui sous-tend l'acte est plus important que l'acte lui-même.

Les interprétations eschatologiques

Ces auteurs estiment que les principes de Jésus ne pourront être valables que dans le royaume de Dieu.

(1) L'éthique transitoire :

Elle a été popularisée par Albert Schweitzer. Ce point de vue voit Jésus comme étant convaincu que le monde allait finir dans un avenir très proche. En tant que telle la survie dans le monde n'avait ainsi pas d'importance, étant donné que, dans la fin des temps, l'idée de bien-être matériel ne serait plus pertinente.

(2) La vision de Martin Dibelius :

Au vingtième siècle, un autre grand penseur allemand, Martin Dibelius, a présenté un autre point de vue, également basé sur l'eschatologie. Sa vision de l'inconditionnelle volonté divine consiste en l'idée que l'éthique derrière le *Sermon* est absolue et inflexible, mais que l'état actuel du monde, déchu, rend impossible son application. Les humains sont condamné à tenté de vivre selon ces principes mais l'échec est inévitable. Cela va changer lorsque le royaume des cieux sera proclamé et que tous seront capables de vivre de façon pieuse. Une opinion similaire est développée dans les *Frères Karamazov* de Dostoïevski, écrit à la fin du XIXe siècle.

(3) Le point de vue dispentionaliste :

Le dispentionalisme moderne est un autre point de vue eschatologique. Le dispentionalisme, originellement élaboré par les Frères de Plymouth (Plymouth Brethren) au XIXe siècle, divise l'histoire humaine en une série d'âges ou dispenses. Nous vivons aujourd'hui dans une période de grâce où vivre selon les enseignements du *Sermon* est impossible. Mais dans l'avenir le nouveau millénaire verra une période où il sera possible de les appliquer, et où leur mise en œuvre sera une condition préalable au salut.

Un point de vue cynique : l'interprétation par la repentance

L'interprétation par la repentance développe l'idée que Jésus avait pour intention de rendre inaccessibles les préceptes du *Sermon* afin qu'à travers leurs échecs et défaillances, les hommes apprennent à se repentir. Ils restent ainsi dans le giron de l'Eglise.

***

Le *Sermon sur la montagne* a occupé la place principale dans les enseignements de l'Eglise au cours des siècles. Mais, même s'il a connu une telle popularité, il n'a pas toujours été compris de la même manière. Comme mentionné ci-dessus, cinq grands types d'interprétation sont possibles. Divers auteurs ont développé de nombreux points de vue, tout à fait différents, voire contradictoires.

II. Avec réalisme, ce principe peut-il être efficace dans le monde concret ?

Il y a eu deux exemples de réussite dans l'histoire moderne. Un des exemples de succès est celui de Gandhi avec la résistance non violente contre l'Angleterre. Cela a conduit à une paix temporaire qui ne lui a cependant pas survécu longtemps. Après l'assassinat de Gandhi, la paix n'a pas continué à cause de la guerre civile spécialement incitée par les musulmans.

Le second exemple est celui de Nelson Mandela. Après avoir été libéré de prison, après 27 ans d'emprisonnement, il a réussi à gagner l'élection et à devenir le Président sud-africain. La femme de Mandela voulait se venger en bannissant les blancs. La grandeur de Mandela est de ne pas avoir écouté sa femme et d'avoir, au contraire, appelé à la conciliation avec les blancs.

Je comprends très bien que : « *A la haine, on répond par la haine* ». C'est la cause des nombreuses luttes dans le monde contemporain. En réalité, c'est impossible de stopper ce cercle vicieux.

C'est la raison pour laquelle j'apprécie hautement l'approche de Jésus selon laquelle il faut obtenir la paix dans le monde par voie de conciliation.

Cependant, l'éthique enseignée dans le *sermon* est, en soi, impossible à appliquer dans une société capitaliste comme la nôtre. Dans la société contemporaine, beaucoup de gens ont de mauvaises intentions. On ne peut donc pas tendre l'autre joue car, dans ce cas, ces personnes profiteront de nous. Si l'on veut survivre, on ne peut faire confiance à personne.

Je suis donc d'accord avec les auteurs qui pensent que le *Sermon* est impossible à appliquer dans le monde réel. Comme Saint Augustin, il me semble que c'est un idéal de vie, plutôt que des règles absolues.

Conclusion

En conclusion, le *Sermon sur la montagne* n'est, selon moi, pas strictement applicable dans le monde réel. Mais cela ne signifie pas que nous devons l'oublier.

De nos jours, il y a de nombreuses victimes innocentes partout dans le monde à cause d'innombrables guerres et du terrorisme. Je comprends que le réalisme consiste à prévenir ces violences pour que les pays fous et les terroristes déraisonnables ne commettent jamais ces cruautés et ces massacres. Cela devrait être possible uniquement par la voie de la dissuasion. La force de dissuasion devrait inclure de lourdes peines et la lutte contre le terrorisme. Regarder tranquillement la situation en parlant d'amour donne seulement des opportunités d'agir pour les bandes criminelles.

Cependant, c'est important de tenir compte des idées de Jésus au fond du cœur des pays et des gens dans le monde.

Notre gouvernement et nous même devrions toujours réfléchir soigneusement à l'avenir de notre existence. Puisque désormais le monde n'a plus de frontières, des personnes malveillantes et malintentionnées peuvent facilement envahir notre société pacifique et commettre beaucoup d'actes criminels. Il faut veiller à ne pas agir avec émotion face à la gravité de la situation. Parfois, la conciliation peut être efficace sans aucune vengeance. Mais parfois, il est nécessaire d'agir énergiquement pour éviter toute répétition d'une autre tragédie.

Nous devrions nous rappeler la crise des missiles cubains, confrontation de 13 jours en octobre 1962 entre les États-Unis et l'Union soviétique à propos des missiles balistiques soviétiques déployés à Cuba. Ce fut le moment où la situation a été la plus proche de dégénérer en guerre nucléaire totale.

JF Kennedy, pieux catholique, a pris une position ferme contre l'Union soviétique en utilisant le risque de guerre nucléaire. Cette attitude de vengeance et cette politique menaçante ont finalement apporté des résultats pacifiques.

En comparaison avec cette grande décision de JF Kennedy, l'Accord de Munich de 1931, qui amène les occidentaux à concilier unilatéralement avec Hitler, était une erreur et a provoqué la seconde guerre mondiale par la suite !

Ainsi, c'est la raison pour laquelle je pense que nous devons agir avec réalisme dans ce monde, et respecter l'idée de Jésus selon laquelle nous devons contrôler notre esprit émotionnel.

付録3

映画批評『グレース・オブ・ゴッド〜告発の時』（原題Grâce à Dieu 2018）

　カトリック聖職者の性犯罪については、2015年のアメリカ映画『スポットライト　世紀のスクープ』（原題：Spotlight）で、第88回アカデミー賞にて作品賞、監督賞、助演男優賞（ラファロ）、助演女優賞（マクアダムス）、脚本賞、編集賞の6部門にノミネートされ、作品賞と脚本賞を受賞した作品がある。

　教会という密室での社会的・精神的一大権力であるカトリック教会の暗部・恥部を描いた作品であり、カトリックがスポンサーであるボストン・グローブ紙が自らの金主であるカトリックのスキャンダルを暴いた記者たちの勇気と正義が、この映画の受賞の理由でありまさにアメリカの強さであることを痛感する。

　2008年4月、法王ベネディクト16世は訪米時に被害者達に面会して直接謝罪したが、聖職者の児童虐待は「アメリカ社会の堕落にも責任」があると屁理屈をこねた。

　2010年3月にはベネディクト16世自身が法王庁教理省長官たる枢機卿在任時に、虐待をしていた司祭の処分を故意に怠っていた疑惑がニューヨーク・タイムズによって報道されたが、法王は「くだらないゴシップ」と切り捨て、周辺の司教らは一連の性的虐待事件について「一部の者の過ち」とし続けており、「性的虐待はカトリックだけの問題ではない」「何者かの陰謀だ」と逆に居直ったのだ。

　結局カトリックという組織は、その隠蔽による組織防衛姿勢において、世俗の組織いやマフィアや暴力団の組織と何ら変わりない体質があることが良くわかる。

　さて、このフランス版と言えるこの映画は、従来男女や同性愛

を描く映画に秀でた感性の極致を演出するフランソワーズ・オゾン監督の従来の作風タッチを一変する社会派ドラマ映画だ。

　さすが鬼才オゾンのストーリー展開は舌を巻くうまさがある。上述のアメリカ映画に比べ、この映画の方が人間劇として緻密でもあり、この犯罪にて少年時代のトラウマを抱えて生きてきた人々の、被害者と言いたくない心理や内面の怒りを見事に描いているのだ。そして巨大悪の組織カトリックの隠蔽工作と偽善と欺瞞への怒りで連帯する被害者組織、論理と正義感のフランス人の連帯の戦いには胸を打つものがある。

　物語は3人の被害者を軸に描いているそのオゾンの面白さ、まさに偽善と欺瞞の巨塔カトリック、キリスト教の〈赦し〉とは何か？　まさにこれこそ組織の保身術の茶番だとわかるだろう。この犯罪神父は次から次へと、あどけない少年をいたぶり、数百人の被害者が出た。このカトリックの汚さの極致は、犯罪神父や枢機卿が、いかにも〈事実を認めて〉赦しと祈りで手打ちさせ誤魔化す手法だ。まさに隠蔽工作の巧妙な手口、この2000年のこの組織の集団の手口が明らかになる。

　パリで神学を学んだ筆者は、現代フランス人で冠婚葬祭以外のキリスト者など一人もいないと思った。

　今時、フランスで聖職者を希望するのは、フランスの植民地として支配されていたアフリカ出身者だけである。

　2014年にフランシスコ法王の改革派の旗手として財務局長官に抜てきされたジョージ・ペル枢機卿は、1996年にメルボルンにあるセント・パトリック大聖堂内の部屋で聖歌隊の少年2人を性的に虐待したとして訴追され、帰国を余儀なくされた。裁判で控訴審を含め有罪判決が下されたが、2020年4月7日、予想に反しオーストラリアの最高裁判所が逆転無罪の判決を下した。

　問題の本質は、カトリック教会の司祭の独身制、および「純潔

を優越とみなす思想」ともいえる。何よりも悪質なのは密室で、聖職者が神の名において無辜の男女を蹂躙する最悪で卑怯なモラル欠如なのだが、現法王は〈サタンの仕業〉というから驚きだ。バチカンは、なりふり構わず信者集めと集金のために習近平中共指導者と蜜月を演じ、しかも従来の非合法の地下教会を裏切ることにより、その国家免罪符たる政教一体の国家組織としての傀儡キリスト教と手を打つ姿には驚きを禁じ得ない。

付録4
解釈論　口頭試問終了　緻密な戦略の勝利!で有終の美を飾る!
（読者の留学用ご参考まで）

僕 = 著者
エスキモー =Elbatrina Clauteau

万歳！　これであと二週間ほど消化ゲームがあるが無事一年過程を終えた。いまから直ちに僕の生活は〈勉強モード〉から〈パリ謳歌モード〉へと転換だ！　わはは　上智神学大学院卒の恥をさらすこともなく無事終了。今日のエスキモーおばさんとの個室での口頭試問は圧巻中の圧巻だ。ひょっとして僕は神学のセンスの生まれながらの素質があるのではないかと自嘲した次第だ。下記会話のやり取り　約 30 分！

〈僕〉リッカー先生は日本のノーベル賞に当たる京都賞を 2003 年哲学への貢献で与えられたんですよね！（エスキモーの尊敬するリッカーと讃える意味で発言）

〈エスキモー〉あそう？　彼はプロテスタントながらフランスの大哲学者なのよ

〈僕〉いやはや今日は大先生の Gagey さんが僕が校庭でこの試験の勉強をしていたら、OKI と声がかかり、ニコニコしながら〈まだ第二の質問に答えてないね〉と言われました。あなたもそうだが大先生は思想は違っても大好きなんですよ。あんな頭の柔らかい先生はいませんよ。しかも生徒のくだらない質問に誠意をもって答えてくれるし、気さくに声をかけてくれる。最高ですわ

〈エスキモー〉いや本当に素晴らしい先生ですよ。大御所ですよ。あの方はカトリックなのにブルトマンの研究をしてたんですよ。

〈僕〉だから僕の聖書神話化に興味もって皆の前で取り上げてくれたんですね！　この学校って寛容精神に溢れてるんですか？

〈エスキモー〉必ずしもそうではないですよ。コチコチの教授の方が多いですよ！

〈僕〉そんなら僕は破門、退学ですな。

〈エスキモー〉笑いながら　OKIもよくジェズイトの中で卒業できたんですなあ？

〈僕〉上智も寛容ですよ。わはは

　やっと本題に入る。攻撃は最大の防御、有無もいわせず。

〈僕〉今日のテーマを誤解してたらすみませんが、僕はリッカーの〈解釈論の距離〉について話したいと思います。
と言いながらまず僕の考える解釈論とは、

En substance, l'interpretation ne devrait pas reposer sur l'intention de l'auteur ou sur celle du lecteur, la signification du text contient un langage commun aux deux, bien connu car il se rapporte à leur monde et situation mutual.

　解釈で必要なのは本質として著者の意図に置くのでもなく読者

の意図に置くのでもない。テキストの意味することを両者の共通
の理解に持って来ることだ。それはお互いの世界とお互いの立場
にそれぞれ関係しているからだ。

　と僕の意見としてまず述べ、その上で

　質問として、

　先生の言われるリッカーの考えの五段階理解について、先生が
まとめられた、この2ページの纏め（わざわざそれを示しなが
ら・・）本当に素晴らしくまとまっていますね！（先生照れ笑
い）そこで質問があるんです。

　僕はこのリッカーの言わんとしたのは直線的段階論ではなく1
から4までは相互に反復しながらこんな図式（手書きの図をしめ
す）で最後の5（最終目的）へは1から4と5との反復がある
んですよね？

〈エスキモー〉まったくその通りですよ。OKIの理解は正しく
まさにその通りなんですよ。それに感心したのは最初のあなたの
解釈論が一言で纏まっていて素晴らしい。まさにリッカーを言い
尽くしているのではないか！　ほんとにOKIは理解してくれま
したね。OKIは哲学の造詣もあるんですか？

〈僕〉哲学は苦手なんですよ！　褒められて嬉しいがこれほど褒
められるとは。出だしから絶好調だ。ほくそ笑む。まさに僕の戦
略通り思いのまま緒戦勝利

　さて次の質問ですが、このリッカーの第四段階の現世に投影す
るというところですが、僕は解放の神学、フェミニズム神学、平
和神学、環境神学みたいななんとか神学が大嫌いなんです。こう
いう現世の人間のあらまほしけれ、もっというとエゴイズムをあ

たかも神の声のようにねじ曲げ汚染させているのが現在のキリスト教ではないでしょうか?

Je n'aime pas de toute théologie comme ceux de la libération, de la féminisme, du pacifisme, écologisme etc etc. C'est simplement la théologie sur lequel nous metton notre propre désir insensé, comme si c'était la volonté de Dieu. Il devrait être loin de la volonté de Dieu.

Nous devrions toujours être concentrés sur l'écoute de la voix de Dieu au lieu de déformer ou de contaminer la volonté de Dieu selon nos égoïsme.

〈エスキモー〉あなたのいうのはその通りなんですが、これはリッカーの言う客観的態度と矛盾しないと思います。(くだくだ説明ありこちらもうなずいて先生をたてる)

〈僕〉そうですか!
　僕はキリスト者ではないが上智でマスターを取ったのですが実はプロテスタントのカール・バルトが趣味的に大好きでしてね。両手で動作しながら　彼の神からの一方的掲示ピカドン的なものスコラ哲学やカトリックのいう人間からの方向つまり相互方向を否定しているバルトの考えが好きでしてね。常に神の声を聞くという言葉が大好きなんですわあ。あのヒトラーの時代に彼は怒り狂い、彼はカトリックの堕落とプロテスタントの迎合派をたたき〈神の声に真摯に耳を傾けよ〉と言ったのですね!僕はスコラもさっぱりわからないしカール・ラーナーはチンプンカンプンなんですわ!バルトはリッカー解釈論を否定すると思ってましたが先生のおっしゃる通り両立しますね。

〈エスキモー〉カール・バルトは20世紀最大の神学者ですよ。

私もカール・ラーナーの観念的な叙述は苦手ですよ。

〈僕〉勝利はますます目前、時間も結構経過、そんなに褒めていただいたら点数も貰えますね （笑いながら）
（ここで切り上げたほうが失点なしですみそうなのでそういう風に持っていたら目論み通り。）ところで今までの感謝の意味でこれささやかですが日本の鳥獣戯画の模様の生地です。典型的日本の伝統的なもので仏語の解釈があったら捜してメイルします。

〈エスキモー〉嬉しいわ、こんなことまでしていただいて （めちゃめちゃ喜んでいる）。

〈僕〉いやいや素晴らしい授業への感謝であって、何も点数をかさ上げなどと思っていませんよ為念（ちょっと言い過ぎたか？）
　最後ジェロニモ笑顔を漂わせて何度もメルシー。
　予想以上のいや予想外の成功でニンマリ。これは高得点を得られそうだ！　笑いが止まらない作戦の勝利だ！

参考文献

1. Le Traité d' athéologie：2005, Grasset Michel Onfray

2. The God Delusion:Richard Dawkins,: Houghton Mifflin. 2006 Boston
※語版は、リチャード・ドーキンス『神は妄想である』垂水雄二訳、2007年、早川書房

3. In the closet of the Vatican Power, Homosexuality, Hypocrisy：Frédéric Martel 2019
※日本語版は、フレデリック・マルテル『ソドム〜バチカン教皇庁最大の秘密』吉田春美訳、2020年、河出書房新社

4. "The missionary Position" Christopher Hitchens, Hachette Boook Group,Inc 2012

5. "Understanding the Sermon on the Mount" Harvey K. McArthur, Harper 1969

6. 富岡幸一郎『内村鑑三』1988年、中公文庫

7. 富岡幸一郎『カール・バルト　使徒的人間』1999年、講談社

8. 『聖書 新同訳』共同訳聖書実行委員会 (翻訳), 日本聖書協会 (翻訳)、1996年、日本聖書協会

1.

2.

3.

4.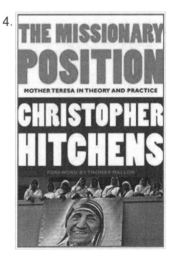

5.

understanding
the sermon
on the mount

by HARVEY K. McARTHUR
the mount

6.

7.

8.

奥山篤信（おくやま・あつのぶ）

映画評論家、文明評論家。1948年、神戸市出身。1970年、京都大学工学部建築学科卒業。1972年、東京大学経済学部卒業。1972～2000年まで米国三菱商事ニューヨーク本店を含め三菱商事に勤務。2014年、上智大学大学院神学研究科修了（神学修士）。2014年よりパリ・カトリック大学（ISTA）に留学。著書に『超・映画評～愛と暴力の行方』（2008年、扶桑社）、『人は何のために死ぬべきか』（2014年、スペースキューブ）、『キリスト教を世に問う！』（2017年、展転社）、『キリスト教というカルト～信者になれない、これだけの理由』（2018年、春吉書房）、『僕が選んだ世界の女優５０選』（2020年、春吉書房）がある。毎月『月刊日本』に映画評を連載、その他『WiLL』に寄稿している。

さあ、僕がキリスト教を教えましょう

2021年5月13日 初版第1刷発行
著　者　　奥山篤信
発行者　　間 一根
発行所　　株式会社 春吉書房
　　　　　〒810-0003
　　　　　福岡市中央区春吉1-7-11
　　　　　スペースキューブビル6F
　　　　　TEL：092-712-7729
　　　　　FAX：092-986-1838

印刷・製本　　モリモト印刷株式会社
価格はカバーに表示。乱丁・落丁本はお取替いたします。
ⓒ2021　奥山篤信　　　　　　　　Printed In Japan
ISBN978-4-908314-35-3